<현역 장교의 러시아군 비밀노트>

러시아, 넌 도대체 누구냐

정정현 지음

박영사

프롤로그

우리에게 러시아와 러시아 군은?

“우리 아들 소련에 공부하러 간다.” 아버지가 동네 이웃에게 하신 말씀이다. 2006년 경상도 시골마을에서는 아직도 ‘러시아’보다는 ‘소련’이 입과 귀에 익숙하다. 북한의 남침을 도와준 나라, 공산주의 종주국, 냉전으로 인해 일명 ‘적성국가’로 분류되어 입국이 불가했던 나라다. “니 아들 ‘빨갱이’ 되는 거 아니고?” 마을 어르신들에게, 그리고 당시에 군생활 하던 한참 선배들에게 농담 반 진담 반으로 들었던 말이다.

1990년 러시아와 외교관계 수립 후, 구소련이 붕괴된 지 30년도 넘게 지났지만 한국전쟁을 직접 겪었던 우리의 아버지 세대에게 러시아는 아직도 ‘소련’이고 공산주의 국가, ‘빨갱이’의 나라다. 하지만, 2023년이 된 시점에서 러시아는 최소한 생소한 나라는 아니다. 경제적으로는 현대·기아 자동차, 팔도 도시락, 오리온 제과 등 우리 기업들이 러시아에서 활발한 경제활동을 하고 있으며, 시베리아 횡단철도, 에너지 개발 협력 등 이익을 상당히 공유할 수 있는 나라다. 정치적으로도 북핵문제 해결에 있어 주변국으로서 영향을 미칠 수 있는 나라다. 문화적으로는 어떤가? 우리의 K-POP, K-BEAUTY, 러시아 대학에서 한글을 가르치는 학과가 생겨나는 등 우리나라 언어와 문화에 대한 관심이 어느 때 보다 높다.

이처럼 다양한 분야에서 긴밀히 협력하면서 러시아에 대한 다양한 연구가 이뤄졌다. 우리 국민 인식 속에서도 막연한 나라의 이미지는 점점 사라지고 있다. 한국전쟁과 냉전이 초래했던 러시아에 대한 고정관념과 편견이 해소되고 있다고 본다.

하지만, 군사 분야에서는 어떤가? 우리는 러시아 군과 군인을 얼마나 알고 있을까? 아직도 '소련', '빨갱이', '공산주의', '부도난 나라'의 배고픈 군대로 인식하고 있는 수준에 머물러 있지는 않을까? 혹은, 서방의 관점과 평가를 무의식적으로 수용하고 있지는 않는가? 안보 관련, 군사 분야에서 러시아는 상당히 중요한 의미를 가지는 국가다.

군사·안보분야에서 러시아가 가지는 중요한 의미 3가지

첫째로, 주변국 중 하나다. 유사시 직·간접적으로 한반도에 군사력을 투사할 수 있는 나라다. 구한말부터 한국전쟁을 거쳐 지금까지도 변함없다. 통일 과정에서 그리고 통일 이후에도 우리와 국경을 맞대고 있을 군사 강국이다. 아군이든 적군이든 잘 알아야 한다. 활용하든지 경계하든지 모르면 대책이 없다. 우리 군은 미군의 편제와 편성을 모방하였다. 그래서 미군의 조직체계와 전술을 거의 답습하여 가져왔다. 한·미상호방호조약을 맺은 동맹으로서 연례 연합훈련을 하기에 타 국가 군대와 비교할 때 상호 이해의 정도가 높다. 주변국인 중국과 일본을 보더라도 러시아보다 더 다양한 연구와 소개가 이뤄져 왔다. 하지만, 러시아라는 나라에 대해서는 아직 그 기반이 넓고 깊지 못함을 인정하지 않을 수 없다. 더욱이 군사 및 안보 분야에서는 더 그렇다.

둘째로, 군사과학기술과 전술 분야에서 미군과 겨룰 수 있는 유일한 국가다. 냉전시대만큼은 아니지만, 아직도 주요 무기체계로 보면 미국을 제외하고는 감히 비교할 수 없는 수준이다. 특히 핵무기, 정밀유도무기, 극초음속미사일 등 전쟁의 판도를 좌지우지할 수 있는 전략무기는 미군조차 무시할 수 없는 나라다. 실제로 90년대 불곰사업으로 도입된 T-80 전차와 헬기, 대공 로켓 등은 우리 무기체계 발전에 도움이 되었다. 방산 분야에서 협력과 군사과학기술 교류에 비교적 우호적인 나라가 바로 러시아다.

셋째로, 북한군과 그들의 전술을 이해할 수 있는 '키(key)'를 쥐고 있는 나라다. 아직도 북한군 전술과 무기체계는 '소련'산이 대부분이다. 우리는 열심히 북한군 전술을 연구한다. 그 출처는 탈북 군관 진술, 국외에서 수집한 북한군 교범 등이 대부분이다. 필자의 생각으로는 우리 관점(전술)으로 북한군 전술을 재해석하고 있다는 생각도 가끔 들었다. 러시아 제병협동군사대학에서 수학하던 시절, 모든 강의에서 북한군 전술이 바로 여기에서 전해졌다는 것을 확신하였다. 여전히 북한은 러시아 무기체계를 쓰고 있다. 성능을 개량하더라도 무기체계를 활용하는 개념과 방법(전술)은 일맥상통하기 마련이다.

왜 러시아 군을 알아야 하는가?

다년간 러시아 현지 생활과 러시아 민간 및 군사대학에서 유학하면서 군인의 관점으로 러시아라는 나라를 바라볼 수 있는 기회가 많았다. 현장에서 느낀 점은 아직 러시아인들은 미군과 동맹인 우리나라 군인에 대해 경계하고 있음을 느꼈다. 진심으로 다가가기 어려웠다. 하지만 제한된 여건에서도 '용러(用露)'하기 위한 기초를 닦는다는 마음으로 공개된 자료를 수집하여 읽고 연구하였다. 또한, 기회가 될 때마다 러시아군 고위급 간부가 방한하면 안내와 통역, 회의 준비도 맡았다. 러시아에서 5년간 유학과 출장, 군사외교 현장을 통해 보고 듣고 느낀 바를 이 책에 기록하였다.

대한민국 여성들이 가장 듣기 지루해하는 말이 군대에서 축구한 이야기라고 한다. 한두 번 정도 들으면 그러려니 하지만 군을 필한 남자치고 한두 번으로 끝나지 않는다. 군대에서 축구를 한 이야기는 말 그대로 축구만을 의미하지 않는다는 것은 모두가 알고 있다. 군을 필한 한국 남자들이 근무한 부대가 다르고 주특기가 다르다 보니 그들을 공통으로 묶어주는 역할을 하기 때문이다. 군 복무시절 희노애락(喜怒哀樂)을 공유하면서 친밀한 관계가 자연스레 형성된다. 경험의 공유를 통해 동질 의식을 갖게 되며 서로를 이해하는 바탕이 된다. 특히 군 복무와 군대에 대한 자부심이 높은 나라에서는 군에 대한 이해와 기본 지식이 그 나라와 사회를 이해하는 기본 틀이 될 수 있다. 비단 남자들의 경험담으로 끝나지 않는다는 것이다.

러시아가 그런 나라이다. 러시아는 나폴레옹 전쟁을 조국전쟁, 독소전쟁(2차 세계대전)은 대조국전쟁이라고 부른다. 특히 대조국전쟁에서는 2천 4백만 명이 넘은 러시아인들의 희생으로 조국을 지켰다는 대단한 자부심을 가지고 있다. 매년 5월 9일 승전 기념일에는 모스크바 붉은 광장에서 대규모 군사 퍼레이드를 한다. 시내 곳곳, 거리와 지하철역 명칭 등에서도 군에 대한 존경과 감사의 의미를 읽을 수 있다. 이 나라를 이해하기 위해서는 다양한 분야에 대한 지식이 필요하겠지만 특히, 군과 군대 문화의 이해는 러시아 전체 문화를 이해하는 데 상당한 부분을 차지하기에 폭넓은 연구가 요구된다.

이 글의 효용, 누가 읽으면 좋을까?

러시아-우크라이나 전쟁이 시작된 후로는, 지인들로부터 러시아 관련 질문을 많이 받는다. "전쟁은 언제쯤 끝날까요?", "세계에서 군사력이 두 번째로 강한 나라가 맞나요?", "러시아군이 고전하는 이유는 무엇일까요?", "왜 우크라이나를 침공했나요?" 군인이라면 어느 정도 알고 있으리라는 기대로 물어본다. 속 시원히 대답하지 못해서 안타까웠다. 뉴스를 보고 누구나 말할 수 있는 수준이 아니라, 군인이라면 군사적 관점으로 러시아에 대해서 한두 마디 더 할 수 있어야 하지 않을까? 군인뿐 아니라, 일반인들도 연일 뉴스에서 보도되는 러시아 - 우크라이나 전쟁에 대해 이야기 할 기회가 많을 것이다. 좀 더 실상을 알고 싶은 사람, 기업가, 외교관련 업무 종사자, 국제 정치 연구자 및 학생들을 위해 준비된 대답을 이 책에 써 보았다.

독자들의 입장에서 글의 내용을 맛으로 평가해 보았다. 1장 '전쟁과 러시아', 2장 '러시아 군인'은 '순한 맛'으로 가볍게 읽을 수 있는 내용이다. 3장 '지금 러시아 군은...'은 '조금 매운 맛'이다. 조금 더 긴 호흡을 가지고 읽으면 분명히 큰 도움이 될 것이다.

러시아 모스크바국립대학교에서 3년, 제병협동대학교[1]에서 2년간 교육을 받으면서 보고, 듣고 경험한 것들을 바탕으로 러시아군을 통해 러시아 사회와 문화를 이해하려는 시도를 했다. 대중매체에 공개된 내용도 일부 활용하였지만, 직접 생활(러시아 민간, 군 교육기관)하면서 보고 들은(러시아군 교관과 동료로부터) 내용을 진솔하게 담고자 하였다. 국가가 준 소중한 교육의 기회를 통해 군인이 아니면 누가 이런 시도를 할 수 있겠느냐는 일종의 사명감을 가지고 시작하였다.

---

1 모스크바 국립대(로마노소프, Московский Государственный Университет им. М. В. Ломоносова) / 지상군제병협동대학(푸룬제, Общевойсковая Академия Сухопутных Войск им. Фрунзе)

지금도 러시아는 우크라이나를 침략하여 전쟁을 수행하고 있다. 이 시기에 러시아와 러시아군을 이해한다는 이 책의 집필 의도가 왜곡되지 않았으면 한다. 결코, 그들의 행위를 옳다고 주장하거나 우리가 이해하지 못하는 전쟁의 의도가 있을 것이라 일방적으로 비판하지 말자는 것이 아니다. 우리 주변국이기에 그리고 통일로 가는 여정에 있어, 또 그 이후에 반드시 어떠한 관계를 맺게 되어있기 때문에 객관적으로 바라보고 취할 것은 취하여 우리에게 도움이 되었으면 하는 바람일 뿐이다.

전쟁은 언젠가는 끝난다. 러시아에 진출한 우리 기업들의 정상화, 전후 재건 사업, 에너지 분야 협력, 외교관계 재설정 등 또 다른 위기와 기회가 온다. 그래서 군인이든 민간인이든 바로 지금, 러시아를 제대로 바라보고 평가하는 안목이 필요하다. 모쪼록 이 책을 통해 러시아 군과 문화 전반을 이해하여 독자들의 삶에 보탬이 되었으면 좋겠다.

목차

제3장 지금 러시아 군은…

제1장

전쟁과 러시아

"스물 세 해 동안 나를 키운 건 팔 할이 바람이다."
- 서정주 시인의 「자화상」 중에서-

러시아 문화와 러시아인의 정체성 형성에 있어 빨 할은 전쟁의 영향이다.
우리가 접하기 어려웠던 그들의 관점에서 러시아가 전쟁을 대하는
태도와 모습을 살펴보자.
예카테리나* 여제시기 군사 강국 토대 마련에서부터 크림전쟁, 독소전쟁의
역사적 시간 순서로 정리하였다.

---

*러시아의 한국어 표기는 국립 국어원 규정을 따랐다.

1. 화려한 궁전, 걸출한 지휘관
2. 반도의 숙명, 크림반도
3. 박물관 트리오
4. 러시아의 변명
5. 군사퍼레이드
6. 보드카 100g의 쓸모
7. 과녁 vs. 가늠자
8. 지금도 러시아는 전쟁 중

일본군 볼을 꼬집고 있는 러시아군
(러-일전쟁)
*페테르부르크 '오로라'호 박물관

베를린까지! 붉은 군대에 영광을!
*쿠빈카 빨치산 마을 전시장 포스터

1

화려한 궁전, 걸출한 군 지휘관
(예카테리나 궁전과 군사학교)

아래 사진에 보이는 건물의 용도는 무엇일까?

필자가 공부했던 학교 건물이다. 놀라운 사실은 이 건물들이 예전에는 궁전이었다는 것이다.

궁전을 학교 건물로 사용한다고? 도대체 이 나라는 문화재 보호라는 개념 자체가 없는 건가? 하기야 유럽의 오래된 도시마다 문화재급 건물들이 많고, 다양한 용도로 활용하는 것을 보기도 했다. 위 사진의 건물은 1796년 완공되어 200년이 넘은 건물을 제병협동대학 예하의 교육 시설로 사용하고 있었다. 보기에도 웅장하고 고풍스러운 것이 건축에 문외한인 나에게도 충분한 보존 가치가 있어 보인다. 모스크바 중심에서 북동쪽에 위치한 예카테리나 궁전은 정작 건축을 지시한 예카테리나 2세의 사후에 완공되어 원래의 목적이 아닌 군 교육기관으로 주로 활용되었다.

<과거 학교 정문(앞의 상단 사진과 비교)>

<과거 학교 전경>

궁전건축의 역사

1773년 예카테리나 2세(Екатерина Ⅱ)는 화재로 완전히 소실된 아넨고프(Анненгоф)[1] 여름 궁전 자리에 자신의 이름을 딴 '예카테리나 궁전'(Екатериниский дворец)을 짓기로 결심하였다. 당시 최고의 건축가 야코블레프(С. Яковлев)가 초안을, 안토니노 리날지(Антонио Ринальди)가 건축계획을 완성하여 궁전 건축이 시작되었다. 아쉽게도 궁전은 예카테리나 2세(Екатерина Ⅱ)의 사후인 1796년이 되어서야 완공 되었다.

1 1730년 여제 안나 요아노브나의 명령에 따라 건설된 목조 궁전. 1746년 화재로 소실되었다.

파벨 1세(Павел Ⅰ)[2]는 1979년 예카테리나 궁전을 모스크바 근위 부대의 주둔지로 바꿨다. 1812년 프랑스군에 의해 궁전이 파괴되었고, 추가로 화재가 발생하여 많은 피해를 입었다. 1824년부터 복원이 시작되었는데, 완료된 후에는 코스트로마(Кострома/모스크바 북동쪽 300km 떨어진 도시)로부터 옮겨 온 스몰렌스크 제1 생도 부대가 주둔하게 되었다. 혁명 이후 예카테리나 궁전에는 붉은 군대 군사학교가 주둔하게 되었는데, 여기에는 화학 학교, 블라디미르 보병 학교, 제병협동 사격장(Выстрел)이 함께 위치하게 되었다.

1998년 9월 16일 러시아 국방장관의 《러시아 연방 국방부 전문 군사 교육기관 폐쇄와 재조직에 관한 명령 No. 417》과 같은 해 8월 29일 러시아 연방 정부 지시(No. 10009)에 따라 샤포쉬니코프(Б.М. Шапошников)[3] 제1 최고 장교 과정(Выстрел)과 말리노프스키(Р.Я Малиновский) 기갑군사대학 및 푸룬제(М.В. Фрунзе) 군사 대학을 근간으로 러시아 연방 제병협동군사대학이 창설되었다.

2006년에는 군사공병대학이 대학 예하 기관으로 통합되었다. 제병협동군사대학은 창립 이후 조국에 충성스런 선진 군사 지식과 실전적 경험이 풍부한 만 명 이상의 장교들을 배출했다.

2 예카테리나 2세의 아들
3 소련군 원수

용도 변경의 이유

초반부에 밝혔던 의문이 풀리는 대목이다. 왜 궁전을 군사학교로 활용하였을까? 파벨 1세는 어머니의 업적을 너무나 잘 알고 있었다. 예카테리나 2세가 통치하던 당시는 러시아의 영토 확장이 최대로 이뤄진 시대였다. 러시아에서는 표트르 대제에 이어 예카테리나 2세를 높게 평가하고 있다. 바로 그 이유가 근대 국가 건설과 영토 확장이었다.

바로 그 선두에는 항상 군인들이 활약하였다. 어머니의 성과와 업적을 어머니의 의지로 건설된 궁전에서 이어가고자 하는 의도가 있지 않았을까 추측해 본다. 바로 그 궁전 건물의 군사학교에서 조국을 지켜낼 훌륭한 장군들을 길러냈으니 말이다. 군사력도 사람이 우선이다. 아무리 최첨단 장비인 드론, 로봇 및 지휘결심지원 AI 등 '장비발'이 좋아도 결국은 이를 운용하는 사람에 의해 올바른 목적으로, 제대로 사용되기 때문이다.

또 한 가지 흥미로운 사실이 있다. 러시아에 이러한 고등 군사교육기관 창설에 대한 필요성은 1820년대에 대두되었는데, 그 중심에 있었던 사람이 놀랍다. 바로 스위스 태생의 프랑스인 군인이자 전술가 조미니다. 나폴레옹 전쟁 경험을 통해 군사 교육기관 창설의 필요성을 깨닫고 있었던 조미니[4]는 1826년 니콜라이 1

4 앙투안 앙리 조미니(1779. 3.6. ~ 1869. 3.24.)는 프랑스인 장군이자 전술가이다. 나폴레옹전쟁이 한창이던 1813년 조국을 등지고 적국인 러시아로 건너가게 된다. 러시아에서 군사 고문으로 근무하며 황제에게 자문을 했다.

세(Николай I)에게 '중앙전략학교' 창설을 건의하고 주도하는 등 러시아군 근대화에 크게 기여하였다. 누가 알았으랴? 나폴레옹 전쟁에서 과거의 적 러시아에게 승리를 안겨주고, 이후 러시아 군사학 분야에서 혁혁한 공을 세울 줄이야…. 당시에는 조국 프랑스에 비수를 꽂았으나 100년이 지난 2차 세계대전에서 러시아가 선전하도록 발판을 마련해 주었다. 그 결과 프랑스도 독일 파시스트의 손에서 벗어날 수 있었다. 아무튼 조미니는 조국 프랑스에 병도 주고 약도 준 셈이다.

이 대학의 졸업생들은 대조국전쟁(독소전쟁)의 현장에서 용감히 싸웠다. 많은 졸업생들은 당시 군에서 전선 사령관, 군, 군단, 사단의 최고 지휘관을 맡아 임무를 수행하였다. 약 30명의 장교들이 소련 원수 및 병종 사령관(главные маршалы родов войск)이 되었다. 소련 원수 바그라먄(И.Х. Баграмян), 바티츠키(П.Ф. Батицкий), 고보로프(Л.А. Говоров), 그레츠코(А.А. Гречко), 쥬코프(Г.К. Жуков), 코네프(И.С. Конев), 말리노프스키(Р.Я Малиновский), 메레츠코프(К.А. Мерецков), 로카숍스키(К.К. Рокоссовский), 티모쉔코(С.К. Тимошенко), 톨부힌(Ф.И. Толбухин) 등을 꼽을 수 있다. 어떤가? 한 번 쯤 들어봤을 법한 이름이 있지 않은가?

나폴레옹과의 불화로 적국인 러시아편에서 싸웠다고 한다. 러시아가 나폴레옹과의 전쟁에서 이긴 여러 가지 이유 중 동(冬)장군의 역할이 컸다고 하나, 조미니 장군의 역할도 크게 공헌했다. 역시 남자는 자신을 알아봐주는 사람에게 충성함을 확인할 수 있다. 프랑스에서는 사단장 진급도 시켜주지 않았으나, 러시아에서는 대장이 되었으니 말이다.

쥬코프
* 소련군 원수, 독소전쟁 승리의 주역,
국방장관 역임

코네프
* 소련군 원수, 독소전쟁 전선 사령관,
지상군 사령관 역임

로카소프스키
* 소련군 원수, 폴란드 국방장관 역임

2

반도의 숙명을 간직한 크림반도[5]

얄타, 나이팅게일, 톨스토이 하면 떠오르는 곳은? 얄타회담을 떠올린다면 쉽게 크림반도를 알아차릴 수 있다. 하지만 크림반도와 나이팅게일, 톨스토이는 도대체 무슨 관계란 말인가? 초등학생도 아는 위인이지만 크림반도와의 관계를 잘 모른다. 한국인에게는 얄타가 친숙하지만, 그 외에 크림반도에 대해서는 잘 모르는 이들이 많다.[6]

---

5 우크라이나 지명 표기는 기존의 익숙함을 기준으로 '키예프', '크림'으로 하였다(전쟁 발발 후 우크라이나어식 발음을 준용하여 '키이우', '크름'으로 부르기 시작했다).

6 크림전쟁에 나이팅게일과 톨스토이가 참전했다. 그것도 적으로…. 우리가 존경하는 두 위인이 서로의 적이었다. 역사의 아이러니가 아닐까? 물론 나이팅게일은 전투원이 아닌 의료요원으로 참전했지만 말이다.

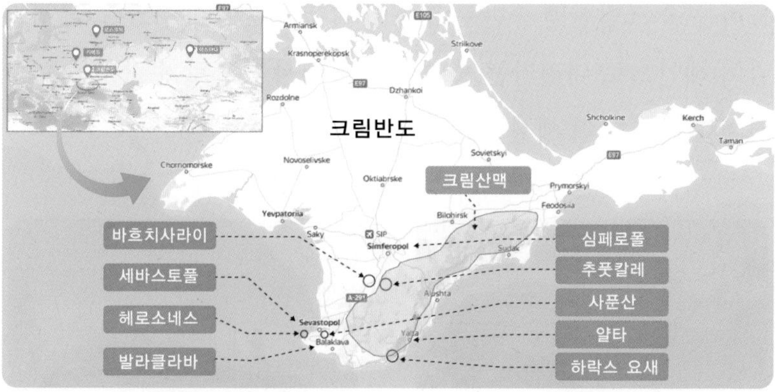

<흑해 연안에 위치한 크림반도(얀덱스 지도 편집)>

크림반도 지형과 얄타

러시아의 대표적인 휴양지로서 명성이 높은 크림반도를 꼭 여행하고 싶었다. 더구나 흑해함대가 주둔하고 있으며 크림전쟁과 독소전쟁(2차 세계대전)의 격전지인 세바스토폴은 군인의 호기심을 끌기에 충분하였다. 그리고 추운 겨울을 나기 전 따뜻한 남쪽 지방에 머무르면서 늦가을의 정취도 느껴보고 싶었다. 때마침 러시아에서 공부하던 시기에 크림이 러시아 영토로 편입되면서 다녀올 기회를 얻었다.

크림반도의 남부 해안지역은 아열대, 반도 내륙은 스텝기후로서 그 차이가 확연하다. 내륙지역에서 해안으로 이동하기 위해서는 크림산맥의 산악지역을 넘어가야 한다. 남쪽 흑해 연안을 따라 동서로 발달한 크림산맥이 기후를 양분하는 경계가 된다. 10월 말, 주도인 심페로폴 공항에 비행기로 도착하여 해안지역 얄타로 이동하는 중 크림산맥 중반부터 눈이 일행을 맞이해 주었다. 고개를 넘어 해안으로 내려가는 풍경은 겨울에서 봄으로 순간이동을 한 것처럼 완전히 딴 세상이었다.

크림산맥 고개를 오를 때 내리는 눈

고개 넘어 해안가의 맑은 날씨

<크림산맥으로 양분되는 기후>

우리에게 '얄타'라는 도시로 유명한 크림반도는 현재 러시아가 실효적 지배 중이다.[7] 얄타는 한반도 분단의 비밀협약이 이뤄졌을 것이라 추정되는 얄타회담이 열린 도시이다. 일본 관동군 무장해제와 관련 한반도 분단에 직접적인 영향을 미친 협약인지 명확치 않지만 소련군의 대일전 참전이 공식적으로 합의되었다는 측면에서 보면 어느 정도 기여하였을 것 같기도 하다.

---

7 2014년까지는 우크라이나의 영토였으나, 크림반도 주민들의 러시아로 병합 찬반 투표 결과(90% 이상 찬성)에 근거하여 강제적으로 병합시켰다. 아직까지도 국제사회에서 러시아의 영토로 공식적인 인정을 받지 못하고 있다.

<얄타회담이 개최된 장소(Ливадийский дворец-музей)>

이 건물(위 사진)은 원래 황제 알렉산더 2세와 그의 가족들을 위한 여름 궁전으로 지어졌다.[8] 내부에는 얄타회담에 관련된 사진, 시설물 등을 그대로 보존해놓았다.

<밀랍인형>
(좌로부터 루즈벨트, 스탈린, 처칠)

<회담테이블>

8 건축가 크라스노프(Н. П. Краснов)가 1910년 4월 23일 ~ 1911년 9월 14일까지 지었으며 이후 결핵치료센터, 공산당 휴양소를 거쳐 현재 박물관으로 활용하고 있다.

얄타회담을 보도한 러시아 신문

건물 표지석(얄타회담)[9]

<건물 내·외부 전시물>

크림반도의 역사

2차 세계대전 이후 여러 나라의 운명을 결정지었던 얄타회담이 개최된 크림은 역사적으로 평온했던 적이 없었고 주변국의 이해관계에 의해 주인이 수없이 바뀌었다. 고대에는 스키타인이, 기원전 5세기에는 그리스인이 서부 해안가의 도시를 건설하고 거주하기도 했다. 이어서 기원전 2세기에는 로마가, 기원후 3세기에는 각종 유목민들이 내륙 스텝지역에 정착하기 시작했다. 몽골제국 팽창기(A.D. 13~15세기)에는 킵차크한국이 내륙지역을, 남쪽 해안가를 중심으로는 이탈리아인이 양분하여 지배하였다. 이것이 끝

9 표지석에는 "이 건물에서 1945년 2월 4일부터 11일까지 크림 컨퍼런스가 개최되었다. 연합국 주요 3국 대표인 소비에트 연방 인민위원회의 의장 스탈린, 미국 대통령 루즈벨트, 영국 총리 처칠이 참석하였다."고 새겨져 있다.

이 아니다. 15세기에는 오스만 튀르크가 크림 전체의 패권을 장악하였고, 1783년에는 러시아 제국이 오스만 튀르크를 몰아내었으나 곧 크림전쟁이 발발하여 영국과 프랑스의 지원을 받은 오스만 제국이 러시아를 몰아냈다. 하지만 1차 세계대전 이후 소련이 다시 크림을 장악하였고, 1953년 흐루시쵸프가 소련 연방 중의 하나인 우크라이나 공화국에게 크림반도를 할양하여 소련 붕괴 후에는 우크라이나 영토가 되었다. 2014년 러시아가 크림을 강제 합병하면서 다시 러시아의 품으로 돌아왔다. 대략적으로 8개 이상의 국가가 크림을 지배한 것이다. 크림반도 내 민족 구성[10]과 각종 유적지를 보면 알 수 있다.

크림 한국의 궁전(바흐치사라이)

로마의 하락스 요새

10 다음의 표에서 제시한 주요 3개 민족을 제외하고도 구소련 공화국 출신과 그리스, 유태인 후손 등 다양한 민족들이 공존하고 있다(출처: 크림 통계청, https://crimea.gks.ru/storage/mediabank/pub-04-01.pdf).

그리스인의 도시, 헤르소네스

유대인의 요새(추풋칼레)

<다양한 민족의 유적지>

<크림반도 민족 구성(2014년 인구 통계 기준)>

구분	러시아	우크라이나	크림 타타르	기타 *그리스인, 유태인 등	계
인구	1,188,978명	291,603명	229,526명	181,358명	1,891,465명
전체인구 대비 비율	63.4%	15%	12%	9.6%	100%

크림반도를 병합한 이유

2014년 러시아가 우크라이나 영토인 크림반도를 병합한 사건이 발생했다. 러시아가 줄곧 주장해 온 '영토의 완전성(분리 독립 반대)' 원칙을 스스로 무너뜨린 사건이었다. 왜 그랬을까?

첫째로 러시아에게 세바스토폴 흑해함대 기지는 국가 생존에 필수적이다. 역사적으로 러시아는 부동항 확보를 위해 동, 서, 남으로 끝없이 진출하였다. 흑해에서 지중해 및 대서양으로 진출할 수 있는 최적의 장소가 바로 크림반도였다.

소련시절 해군 병사로 근무한 운전사 겸 가이드가 소련시절 세바스토폴에 대해서 설명해 주었다. 세바스토폴은 아무나 들어갈 수 없었던 군사 통제구역이었다. 도시 전체가 군사기지여서 도시 입구 곳곳에 검문소가 설치되어 일반인의 출입을 강력하게 통제했었다. 군인 가족들도 사전 신고 없이는 출입할 수 없었을 정도였다.

언덕에서 내려다 본 흑해함대 기지

정박된 군함

<흑해함대 기지>

<흑해함대 군함 7척이 정박되어 있다.>

세바스토폴에서 남동쪽 13km 지점에는 천혜의 요새 '발라클라바'만이 위치하고 있다. 이곳은 냉전시기 핵 잠수함을 건조 및 수리하고, 핵탄두를 보관했던 장소였다. 아래 지도를 보면 양쪽 언덕 사이로 비좁은 만이 형성되어 해상 및 공중 공격으로부터 방호를 받기에 유리한 지형임을 알 수 있다. 산 아래에 지하 터널을 만들어 잠수함이 은밀히 진출입할 수 있었고, 육로로는 철도가 연결되어 각종 부품을 공급하기도 했다. 이 시설은 건조뿐 아니라, 수리와 잠수함이 무장할 수 있는 제반 시설이 갖추어져 있었다. 지금은 휴양지로 탈바꿈 하였지만 과거 삼엄했던 군비경쟁의 현장을 상상해 볼 수 있다.

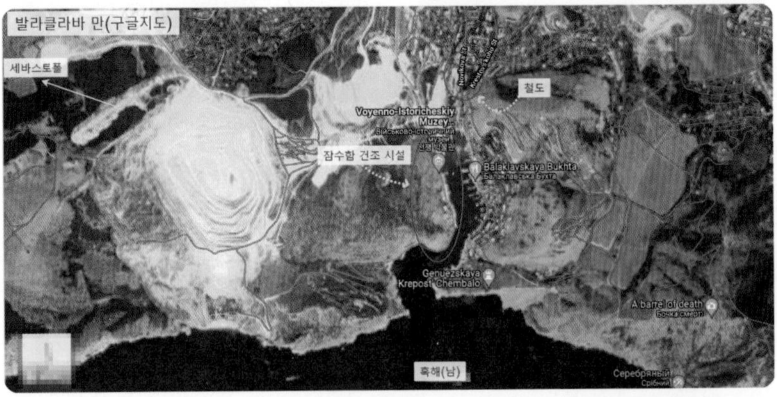

<발라클라바만 위치>

<잠수함 건조 시설 확대도(앞 사진의 붉은색 원으로 표시된 건조 시설)>

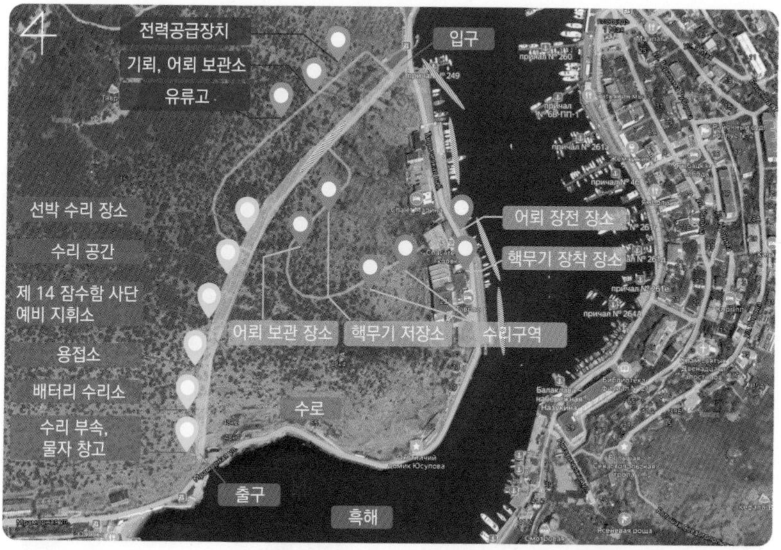

<내부 지하 시설(위 사진) 세부 요도>

둘째로, 크림반도는 러시아 민족 항쟁의 정신적 요충지이기도 하다. 청년 톨스토이가 참전했던 크림전쟁에서 영국·터키 군과 항쟁을 벌였던 곳, 독소전쟁(2차 세계대전)시 독일 점령군을 상대로 세바스토폴 탈환을 위해 최후의 일격을 가했던 장소였다.

세바스토폴은 크림전쟁 당시에도 러시아인의 결사항전 역사를 간직하고 있다. 1853년~1856년까지 전쟁기간 중 총 349일 동안 영국, 프랑스, 오스만튀르크 군대의 포위를 견뎌내었던 장소이다. 세바스토폴 남쪽 만곡부에 80m 고지 언덕을 연해 해안포대와 병력이 배치되었던 장소를 역사박물관으로 조성하였다(아래 하단 사진). 포병 진지와 교통호를 따라 다양한 전시물과 구조물이 자연과 함께 어우러져 시민들의 휴식 공간으로도 활용되고 있었다.

<언덕에서 바라본 세바스토폴항 전경>

<언덕 위 해안포 진지>

<세바스토폴 파노라마 박물관>

<박물관 내부 전투 장면(크림전쟁)>

세바스토폴에서 동쪽으로 12km 떨어진 곳에 사푼산 기념관(Мемориальный комплекс «Сапун - гора»)이 위치하고 있다. 세바스토폴로 가는 요충지 중 한 곳이다. 세바스토폴을 점령한 독일군은 소련군의 공격을 방어하기 위해 교통의 요충지인 사푼산 일대에 병력을 배치하였다. 양측의 치열한 전투 끝에 1944년 5월 7일 소련군은 기습을 통해 사푼산을 탈환하였다. 아래 사푼산 사진(아래 사진 좌측)을 보면, 저 낮은 평지에서 요새화된 고지까지 공격하기 위해서 얼마나 많은 소련군이 피해를 입었을지 상상해 볼 수 있다.

사푼산에서 바라본 전경

당시 전투장면
(좌측 사진과 비교해 보시라)[11]

11 사진에 원으로 표시된 곳이 동일한 장소이다.

독일군 참호와 무기 전시
(사푼산 전사면)

사푼산 박물관 표지석[12]

<사푼산 탈환(공격전투)을 기념한 박물관
(현장을 실내·외에 그대로 전시 및 복원을 하였다.)>

크림반도를 보면서 한반도의 지나간 역사가 오버랩 되는 이유는 무엇일까? 지정학적으로 반도의 역사는 어느 곳이나 투쟁의 역사로 얼룩져있기 마련인 것 같다. 이러한 민족 투쟁 정신의 기상이 서려 있는 크림을 넘겨준다는 것은 위대한 역사의 한 페이지를 포기하는 것과 같은 일이기에 러시아에게는 크림이 필요하다. 지금처럼 우크라이나가 어느 편에 서느냐가 명확치 않은 상황에서 흑해함대 기지 역할 때문에라도 러시아는 더욱이 크림반도를 지키고 싶어할 것이다.

---

12 표지석 내용: 영웅적인 세바스토폴 방어와 해방 박물관. 1944년 5월 7일 사푼산 습격 디오라마관

3

박물관 트리오

러시아 상식 퀴즈를 맞춰보시라! (답은 아래 각주에)

> *1번 문제 : '아'(러시아 알파벳 'A')로 끝나는 러시아를 대표하는 세 가지는?*[13]
> *2번 문제 : 동방정교의 천년 수도인 러시아는 정치, 사회, 교육, 문화 전반에 기독교의 뿌리가 깊다. 그렇다면 로마 카톨릭과 비교하여 성호를 그을 때 차이점은?* [14]
> *3번 문제 : 그렇다면 러시아 3대 전쟁은?* [15]

---

13 베료자(자작나무), 보드카, 제부슈카(젊은 여성 / 아름답고 생활력이 강한 러시아 여성을 의미한다)

14 로마 카톨릭은 손가락을 펴서, 동방정교는 손가락 세 개[삼위일체 - 엄지(성부), 검지(성자), 중지(성령)]를 모은다.

15 조국전쟁(나폴레옹 전쟁), 크림전쟁, 대조국전쟁(독소전쟁)

위 퀴즈의 공통점이 보이는가? 우리나라도 숫자 '3'을 좋아하는데, 러시아인들도 숫자 '3'에 대해 남다른 의미를 부여하는가 보다. 국기부터 보자. 세 가지 색의 조합으로 이루어져 있다. 건배 제의도 세 번째는 특별한 의미를 부여한다. 특히, 군인들에게는 더와 닿는다. 지금 여기, 우리와 함께하지 못하는 전우와 조국을 위해 목숨 바친 이들을 위해 마신다. 그들을 기리는 의미로 침묵한 가운데 남기지 않고 다 마셔야 한다.

러시아 이곳저곳을 다녀보면 전 국토가 전쟁의 흔적을 간직하고 있었다. 모스크바 붉은 광장의 '꺼지지 않는 불'은 도시마다 다 있고 그 인근에는 도시를 지키기 위해 목숨을 바친 전사자들의 명부가 새겨져 있다. 어김없이 주말에는 결혼식을 올린 커플들이 헌화하고 묵념하는 모습을 보게 된다.[16] 전쟁의 상처를 깊게 새기고 역사의 고통을 잊지 않으려는 의지가 생활의 각종 의식까지 깊숙이 침투해 있음을 느낀다.

그 중에서도 러시아의 3대 전쟁 관련해서는 특징 있는 박물관을 건축하여 기념하고 있다. 전투하는 모습을 그림과 조형물로 재현하여 파노라마 형태로 관람할 수 있도록 하였다. 가까운 곳에는 당시 전투현장을 그대로 옮겨놓은 듯 한 조형물이, 점점 멀리 가면서 원근감을 유지한 채 어느 순간 그림으로 바뀌어 전투현장 전체

16 결혼식 행사는 우리나라처럼 결혼식장에서 하객을 모셔놓고 하는 그런 것이 아니다. 행정기관(주민센터)에 신랑, 신부 및 가까운 친지 또는 친구들이 입회한 가운데 혼인 신고를 하는 것을 '결혼식' 이라 표현하였다. 행정관서에서 혼인 신고가 끝나면 신혼부부와 친구들은 도시를 돌아다니며 사진을 촬영하고 다과를 나누면서 결혼을 축하한다.

를 조망하는 것처럼 생생해진다.

<파노라마 박물관 내부>

위 사진과 같은 방법으로 총 3개의 박물관을 지었는데, 조국전쟁(나폴레옹전쟁)의 보로지노 전투를, 크림전쟁에서 세바스토폴 방어 전투를, 마지막으로 대조국전쟁(독소전쟁)의 크림반도 사푼산 고지쟁탈전을 묘사하였다.

보로지노 전투 파노라마관

먼저 보로지노 전투 파노라마관은 1910년 ~ 1912년까지 보로지노전투 100주년을 기념하여 제작되었다. 러시아의 황립미술대학 교수인 프란츠 알렉세이비치 루보(Франц Алексеевич Рубо)에 의해 1912년에 완공되었다. 다음에서 설명하겠지만 그는 크림전쟁을 소재로 한 세바스토폴 방어전투도 제작하였다.

조국전쟁(나폴레옹전쟁)은 1812년 여름부터 겨울까지 프랑스 나폴레옹에 대항하여 조국을 지켜내고 나아가 유럽을 구한 전쟁이라 불린다. 그 중에서도 모스크바 서쪽 보로지노 평원에서 나폴레옹군과 쿠투조프군은 1812년 9월 7일 6시간 동안 치열한 전투를 치른다(보로지노전투). 이 전투에서 쿠투조프군은 패하고 철수하지만 처음으로 나폴레옹군에 대항하여 전과를 올린 첫 전투이자 반격의 시작을 알렸던 전환점이 되었다.

모스크바 보로지노 전투 파노라마 박물관

파노라마관 내부 진시관

<보로지노 전투를 배경으로 한 박물관>

박물관이 위치한 곳 인근은 승리를 기념하기 위해 종합적인 역사공간을 조성하였다. 파노라마 박물관(다음 사진의 ⑤)은 모스크바 쿠투조프대로(②) 초입부에 위치하고 있다. 조국전쟁(나폴레옹전쟁)을 승리로 이끈 장군 '쿠투조프' 이름을 기념하여 명명한 것

이다. 인근에 지하철역 이름(③)도 그렇다. 박물관 인근에는 1812년 도로(④)가 있다. 이 또한 나폴레옹 전쟁이 발발한 '1812년'을 기억하기 위함이라 생각된다. 이 도로 남서쪽 200m 부근 쿠투조프 대로 위에 개선문(①)이 있다. 승전가를 울리며 모스크바로 돌아오는 러시아 군인들이 통과하였다. 러시아 대통령의 출퇴근 도로로도 유명하다. 아침마다 개선문을 통과하며 과거 승리의 기억을 한껏 느끼며 출근한다. 그러나 모스크바 시민들에게는(?) 시도 때도 없는 원인모를 교통 정체에 불만이 자자하다. 개선문에서 남쪽을 바라보면 승리공원(⑥)이 위치하고 있다. 우뚝 솟은 오벨리스크가 인상적이다. 높이가 141.8m인데 매 10cm를 독소전쟁 하루로 계산한 것이라 한다.[17]

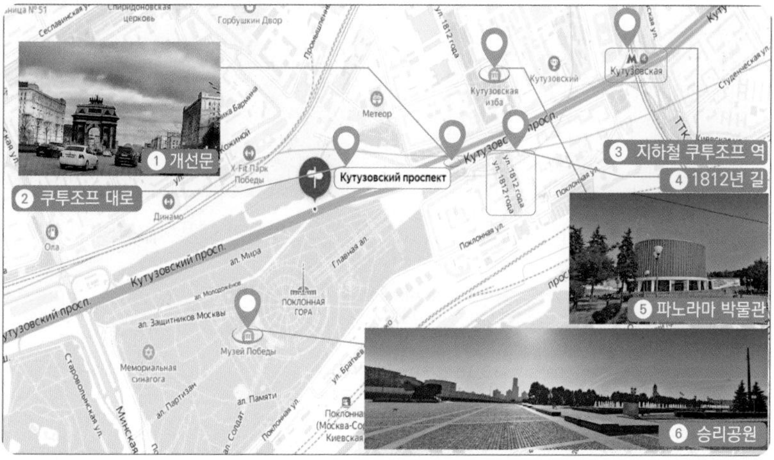

<조국전쟁(나폴레옹 전쟁) 역사 기념물>

17 독소전쟁 1,418일을 1/10로 축소하여 건설했다고도 한다.

세바스토폴 파노라마 박물관

두 번째 파노라마관은 크림반도 세바스토폴 역사공원에 위치하고 있다. 1901년~1905년까지 역시 프란츠 알렉세이비치 루보에 의해 제작되었다. 작품의 배경은 크림전쟁 기간 중 1855년 6월 18일 말라호프 언덕에서 영-프-튀르크 연합군과의 결전이다. 이곳은 양측이 반드시 확보해야 할 중요 지점이었다. 러시아군은 이곳에서 결사항전을 벌였지만, 결국 세바스토폴 북쪽으로 후퇴하게 된다. 하지만 이곳에서 보여준 러시아 민족의 결사항전의 정신을 그리고자 박물관을 건립하였다.

세바스토폴 파노라마 박물관

박물관 내부 파노라마관

<크림 전쟁을 배경으로 한 박물관>

사푼산 디오라마 박물관

마지막은 대조국전쟁(독소전쟁)이 배경이다. 크림반도를 점령하고 있던 독일군을 몰아내고 세바스토폴을 되찾기 위한 결정적인 전투인 사푼산 탈환작전이었다. 여기를 확보해야만 세바스토폴로 진격할 수 있었던 교통의 요충지였다. 사푼산 전방으로는 넓은 평원이 펼쳐져 있어 공격 하는 소련군이 은·엄폐(몸을 숨길)할 장소가 전혀 없는 곳이었다. 그야말로 '전우의 시체를 넘고 넘어' 독일군의 요새화된 사푼산을 탈환하였다.

1956년 소련공산당 중앙위원회 의결에 따라 크림반도 사푼산에 역사적인 승리를 기념하여 박물관을 건립하기로 하였다. 디오라마[18] 형식으로 소련의 저명한 화가 표트르 타라소비치 말체프(Пётр Тарасович Мальцев)가 7달 동안 작업하였다. 1959년 11월 7일 세바스토폴 해방 15주년을 맞이하여 개관하였다. 디오라마관을 제작하면서 현지에 방치된 장비와 유물을 그대로 전시했을 뿐 아니라 당시 전투에 참여했던 군인들을 그대로 작품에 등장시켰다.

---

18 디오라마는 풍경이나 그림을 배경으로 두고 축소 모형을 설치해 역사적 사건이나 자연 풍경, 도시 경관 등 특정한 장면을 만들거나 배치하는 것을 뜻한다. 이와 유사한 파노라마는 야외 높은 곳에서 실지로 사방을 전망하는 것과 같은 느낌을 주는 사생적 그림을 건물 내벽에 둥글게 걸고, 그림의 앞면에는 그림 속의 형상에 적합한 가설물을 설치하여 관람자에게 마치 실경(實景)을 보는 것과 같은 느낌을 주는 것을 의미한다. 디오라마가 한 화면을 대상으로 한 입체 전시라면 파노라마는 넓은 배경에 틈의 제약 없이 볼 수 있는 전경(全景)을 담고 있다(네이버 백과사전).

사푼산 디오라마 박물관

내부 디오라마관

<사푼산 전투를 배경으로 한 박물관>

19세기 유럽에서는 파노라마와 디오라마의 새로운 미술 형식이 등장했다. 2차원에서 3차원으로 현장감 있게 예술품을 감상하게 되었다. 러시아는 당시 유럽의 미술 형식을 박물관 세 곳에 적용시킨 것이다. 그러나 영화가 제작되면서 그 인기가 사라졌다고 한다.

박물관 세 곳을 다녀보니 한 편의 정지된 영화를 보는 것 같이 당시의 전투현장을 느낄 수 있었다. 가상현실, 혼합현실 만큼이나 파노라마나 디오라마 형식의 클레식한 전시도 참고할 만하다. 시간의 여유를 두고 감상할 수 있었기에 그 의미를 충분히 새길 수 있었고 기억에 오래 남는 것 같았다. 전쟁의 승자나 패자나 모두 정도의 차이는 있지만 피해를 보게 된다. 뼈아픈 전쟁의 참혹상을 예술작품으로 승화시켜, 이 작품을 보는 사람마다 선조의 고귀한 희생이 이들의 가슴속에 뜨거운 여운을 남기게 한다.

4

러시아의 변명(2차 세계대전 최대 희생국이자 유럽을 해방시킨 나라)[19]

인명손실 2,400만 명(2차 세계대전 전체 사상자의 약 절반), 우리나라 인구 절반에 가까운 숫자다. 군 사상자 1,139만 명, 2차 세계대전 물질적 손실 중 40%가 영토 내 발생, 국가 자원 30% 소모, 박물관 426개소, 교회 1,670개, 도서관 문서고 수백 개소에서 1억 8천만 서적과, 문화재 564점 이상을 약탈당한 나라. 나치 독일의 심장, 베를린에 승리의 깃발을 꽂은 나라.

바로 소련이었다. 역사상 두 번(나폴레옹 전쟁, 2차 세계대전) 유럽 또는 전 세계를 구원했다고 자부하는 나라이다. 하지만 유럽, 특히 동유럽에서 2차 세계대전 당시 소련의 역할을 왜곡하는 일

19 러시아 지휘참모대학 전사 교재에 "역사를 날조하는 세력에 대항하는 투쟁"이라는 부분과 강의 내용(강의록)을 참고하여 작성하였다. 이를 통해 러시아 군인뿐만 아니라 일반인의 역사관을 엿볼 수 있다.

련의 사건으로 인해 몹시 억울해하고 있다.

아직도 유럽에서는 2차 세계대전에 대한 평가에 있어서 의견이 분분하다. 역사 분야에서 소련의 역할을 과소평가하는 움직임이 활발해지고 있다. 2008년 유럽의회가 독-소불가침조약을 체결한 8월 23일을 '스탈린주의와 파시즘 피해 기억의 날'로 제정하였다. 그리고 폴란드 외교부장관은 2차 세계대전이 파시스트 독일과 소련이 폴란드를 공격한 것으로 시작되었다고 주장하며 소련의 붉은 군대를 침략자라고 언급하였다. 또한, 폴란드와 발트 3국 다수의 역사가들은 소련군에 의해 독일군으로부터 해방된 것을 일컬어 '볼셰비키적 점령' 이라고 평가하였다.

이에 따라 러시아 정부는 역사 바로잡기에 착수하게 되었다. 특히, 2009년 5월 19일 러시아 대통령 지시 549호에 따라 대통령 직속 '러시아 국익을 훼손하는 역사 왜곡에 대응하는 조직'을 창설하였다.

러시아는 다음과 같은 이유로 유럽 사회가 2차 세계대전 역사를 왜곡하고 있다고 주장한다. 첫째, 유럽 사회는 2차 세계대전 발발 책임 회피를 위해 나치 독일과 함께 전쟁 가해자로서 소련을 끌어들였다는 것이다. 1차 세계대전 이후 독일의 재무장과 전쟁 준비 기도를 알고서도 미온적으로 대처했다는 사실을 은폐하기 위함이다. 둘째, 러시아의 역사적 역할을 과소평가하여 국제사회의 영향력을 제한시키고 세계 문명발전에 위대한 기여를 축소하여 러시아 국민의 자긍심을 상실시키기 위해서다. 셋째, 구소련 국가들을 분열시켜 러시아의 역내 영향력을 제한하기 위함이다.

무엇이 문제이고 러시아의 변명은 무엇인지 철저히 러시아의 주장을 구체적으로 살펴보고자 한다. 새로운 시각에서 독-소 전쟁을 바라보고 현재 유럽에서 일어나고 있는 나토와 러시아의 대립, 미국의 개입, 동유럽 국가에서 반러 정서 확산(루소포비아) 등을 이해하는 데 도움이 될 것이다. 러시아 군사 교육기관 전쟁사 강의에서 인상 깊었던 주제가 바로 '역사 왜곡과의 전쟁'이었다. 강의록(필기)과 관련 교재를 통해 주요 주장(서방측)과 반론(러시아측) 6가지를 소개한다.

<몰로토프-리벤트로프 조약(독-소 불가침조약) 내용(1939. 8. 23)>

구분	공식조항	비공식조항(추정)
내용	1. 독소 양국은 10년 동안 상호 침략하지 않는다. 2. 양국 중 한쪽이 제 3국의 공격을 받으면 다른 쪽은 중립을 유지하고 제 3국을 지원하지 않는다. 3. 양국은 상대방을 적대하는 단체에 가입하지 않는다. 4. 양국 간 분쟁 발생 시 평화적 방법으로 해결한다. 5. 양국은 경제협력을 통해 상호 이익증진을 도모한다.	1. 양국은 폴란드를 절반으로 분할한다. 2. 소련은 루마니아령 몰도바를 차지한다. 3. 발트 3국을 분할, 에스토니아와 라트비아는 소련이, 리투아니아는 독일이 차지한다. 4. 핀란드는 소련이 차지한다. 5. 소련과 독일은 서로 필요한 물자를 지원한다.

주장 ① : 소련과 독일은 독소불가침조약(몰로토프 리벤트로프 협약) 이면에 비밀조항을 체결하여 폴란드, 몰도바, 발트 3국 및 핀란드의 분할 통치(점령)를 약속하였다.[20]

20 몰로토프-리벤트로프 조약: 소련 외무장관 몰로토프와 독일 외무장관 요

반론 ①: 비밀조항은 완벽한 허구이다.

오히려 당시 소련은 독일의 침략을 막기 위해 유럽공동안보조약 체결을 추진하였다. 영국, 프랑스와 조약 체결을 위해 접촉하였지만, 세부조항에서 일방적인 우위를 고수하는 두 국가 때문에 합의에 이르지 못했다. 1939년 여름, 영국과 프랑스 입장에서는 소련 역시 위험한 '이웃'이기에 독일의 위협에 단독으로 노출되도록 조약 체결을 하지 않았다는 것이 소련의 해석이다. 이에 따라 소련은 독일과 불가침 조약을 체결한 것이지 인접국가의 분할 통치를 협의한 것이 아님을 강조하고 있다.

주장 ②: 1941년 소련은 독일에 선제 타격을 준비했거나 독일과 폴란드를 공격했다.

폴란드 외교부장관이 배포한 자료에 의하면 2차 세계대전은 파시스트 독일과 소련이 폴란드를 공격한 것으로 시작되었으며, 소련과 붉은 군대를 침략자라 언급하고 1939년부터 1991년까지 폴란드가 겪은 모든 재해의 책임이 소련에 있다고 주장하였다.[21]

함 임론 리벤트로프가 상호 불가침을 협약한 것으로 공식적·비공식적 조항이 존재한다고 알려져 있다.

21 "러시아 의회에서 붉은 군대에 대한 폴란드 외교부의 입장을 언급하였다." 일리야 피탈레드, 리아노보스치, 2020.3.3. (https://ria.ru/20200117/1563553908.html)

반론 ② : 전쟁을 시작하기 위해서는 계획을 수립하고 병력을 동원하는 등 준비를 철저히 해야 한다. 이러한 준비는 소련을 침략한 독일에게서 찾아볼 수 있다. 1940년 7월 31일 채택된 히틀러의 정치적 결심은 1941년 여름까지 동부전선에서 소련을 공격할 준비를 마치고 단기간 작전으로 러시아를 점령하는 것이었다.

전쟁초기 소련군이 왜 독일군에 패할 수밖에 없었던 것인지를 보면 소련이 먼저 공격한 것이 아님을 더 확연히 알 수 있다. 1941년 전시 대비 소련군은 전차 60%, 전투기 67%, 통신 및 공병 장비 50~57%, 차량 및 유류는 30~35%를 보유하고 있었다. 초기 병력, 장비, 물자 전반에서 독일군에 열세였다.

전투경험 측면에서도 독일은 1939년 ~ 1941년까지 전쟁을 해왔기 때문에 전투 기량이 우세할 수밖에 없었다. 또한 서부 국경지역 소련군 군관구 부대는 제때 전투준비태세를 격상시키지 못했다. 왜냐하면 국경지역 경계태세를 격상하면 히틀러에게 침공할 빌미를 제공할 수 있기에 스탈린이 반대했다. 외교적 협상을 우선시했기 때문이었다. 대신, 스탈린은 서쪽 국경의 위협을 인지하고 방어를 위해 80만 예비군을 동원할 것을 지시하였고, 서부 국경지대로 내륙 종심지역의 4개 야전군을 전환시켰다. 총참모부는 1941년 6월 12일 쥬코프 장군을 필두로 준비태세를 최고 단계로 격상시키자고 스탈린에게 건의하였으나 스탈린은 아직 시기상조임을 이유로 승인하지 않았다.

그 결과, 전쟁초기 서부지역에 소련군 사단 170개 중 38개 전멸, 70개는 병력과 장비 50% 상실, 계획적인 동원 차질 및 수많은 인원과 물자를 영토의 동쪽으로 후송해야 하는 심각한 문제가 발생하였다. 당시에 소련은 선제공격을 하거나 폴란드를 공격할 준비도 이유도 없었다.

주장 ③ : 엘 알라메인 전투[22]는 2차 세계대전의 운명을 바꾼 결정적인 전투였다.(스탈린그라드전투[23] 폄하)

반론 ③ : 역사 날조자들은 소련군이 스탈린그라드 전투에서 승리한 역사적인 사건을 별로 중요하지 않은 다른 지역 전투들, 특히 미국과 영국 부대가 치른 전투와 비교하면서 그 의미를 격하 시킨다. 스탈린그라드 전투는 독소 전선에서 상대적 전투력의 변화를 이끌어 낸 결정적인 전투였다.

독일의 패배를 보고 일본과 터키는 소련과의 전쟁에 끼어들려고 준비하고 있었으나 포기하였다. 또한, 루마니아, 이탈리아, 헝가리, 핀란드의 파시스트 지도부가 전쟁에서 빠지려는 궁리를 하게 된 계기가 바로 스탈린그라드에서 독일이 패했기 때문이다.

스탈린그라드 전투는 2차 세계대전 중 가장 치열하였다. 소련군은 볼가강 인근에서 독일군을 정지시키고, 카프카스 산맥으로의 진출을 막았다. 이를 통해 반격 여건 조성에 성공하였다. 1942년 7월 17일~1943년 2월 2일까지 전투로, 독일군은 독소전쟁 전력

---

22 독일-이탈리아 주축국과 프랑스, 폴란드 및 그리스의 원조를 받은 영국 제 8군이 수에즈 운하를 두고 벌인 전투. 최종적으로 영연방군이 승리하였다(1942. 10. 23 ~ 11. 4).

23 현재의 볼고그라드.

의 25%를 상실하고 회복할 수 없는 피해를 입었다.

스탈린그라드 전투의 승리는 독소전쟁 전 전선에서 역습의 시작이었고, 대(對) 히틀러 연합의 통합에 기여했을 뿐 아니라 소련 국민들이 승리에 대한 희망으로 단결될 수 있도록 하였다. 나아가 독일군에게 점령당한 국가들의 대(對) 파시스트 운동에 강력한 동기를 부여 하였다.

아직도 서구 정치가 및 역사가들은 엘 알라메인 전투에서 승리가 2차 세계대전의 운명을 바꾼 전투임을 강조하고 있다. 하지만 전투에 참여한 양측 규모, 전투 공간, 그리고 전쟁 전체에 미친 영향 측면에서 스탈린그라드전투와 비교가 되지 않는다.

<스탈린그라드 전투와 엘 알라메인 전투 비교>

구분	스탈린그라드전투 (소련 vs 독일)	엘 알라메인 전투 (영국 vs 독일·이탈리아)
적 규모	100만 명[24](독일군)	8만 명(독일과 이탈리아 전차군 '아프리카')
적 피해	32개 사단과 3개 여단 소실, 16개 사단 심각한 피해	12개 사단 소실, 그 중 8개 사단은 이탈리아군
전투 규모	전략적 차원의 방어 후 역습(공격작전)	작전적 수준의 공격작전
영 향	2차 세계대전 전 전역에서 독일군의 열세로 전환	지중해 일대에서 연합군의 승리(전쟁 전체 영향 미비)

24 러시아 추산 규모이다. 도해세계전사(노병천, 2001년 연경문화사, 330p.)에서는 독일군 28만 명 사상, 전차 1,500대, 포 6,000문, 60,000여 대의 차량이 상실되었다고 평가하고 있다. 그렇다 할지라도 엘 알라메인 전투의 적 규모에 비해 3배 이상 많다.

처칠은 1943년 3월 11일 엘 알라메인 전투에 대해서 스탈린에게 다음과 같이 서신을 보냈다고 한다. “당신이 지휘한 전투에 비하면 규모 측면에서 그다지 크지 않습니다.” 또한, 프랑스 역사학자 가스토니는 다음과 같이 썼다. “스탈린그라드전투의 승리는 단지 1914년~1918년 전쟁(1차 세계대전)에서 보여준 러시아인의 용맹과 인내력으로만 이루어 질 수 없었다. 더 발전된 소련의 전쟁 조직 능력과 수행 시스템의 결과이다.”[25]

심지어 뉴욕에서는 1942년 11월 8일을 ‘스탈린그라드의 날’로 선포했다. 미국인들 다수가 제2차 세계대전의 결정적 전투로 스탈린그라드 전투를 인정한 것이다.[26] 이를 볼 때 2차 세계대전 기간 동안은 미-소 관계가 돈독했고 전후 이념 전쟁이 시작되면서 서로를 깎아내리기 시작한 것으로 보인다.

주장 ④: 독소전쟁시기 소련 내부에서 다양한 반(反)스탈린, 반(反)볼세비즘 투쟁 세력이 자생하여 독일군 편에서 자발적으로 소련군과 전투를 벌였다.

반론 ④ : 강요에 의해 동조할 수밖에 없었던 국민들을 변절자로, 자발적으로 이적행위를 한 자들은 애국자로 변모시켜 구 소련

25 스탈린그라드전투, 학문·사회·국방, 2017년. (https://www.noo-journal.ru/stalingrad-zhizn-i-sudba-grossman/)

26 제2차 세계대전의 신화와 진실, 로널드 스멜서·에드워드 데이비스 2세, 류한수 옮김, 산처럼, 2020. p.70.

지역에서 반(反)러 정서를 확산시키고 독소전쟁 승리에 있어 소련의 역할을 축소시키고 있다.

적국에게 점령된 지역에서 동조자와 변절자가 발생하기 마련이다. 소련 연방지역에서도 동일하였다. 소련 국민 약 8천만 명도 적이 점령한 지역에서 어쩔 수 없이 독일 점령군에 협조할 수밖에 없었다. 이들의 행동을 조국에 대한 배신이라 비난할 수 있을까? 이들 대부분은 생업에 종사하고 있는 사람들이었다. 발전소, 상점, 빵집, 농장 등에서 생존을 위해 일했다. 이들의 노동 산물이 적에게 이용되었다 할지라도 이들을 비난할 수 있을까?

불행하게도 이들의 행동이 직·간접적으로 공산주의와 스탈린주의에 대항한 투쟁, 인민의 복지 향상, 진정한 조국의 이익수호를 위한 협조 행위였다고 서방에서 주장하고 있다. 중요한 것은 자발적으로 적에게 동조하여 무기를 들고 자신의 조국과 군과 고향에 대항한 사람들이 있었다는 것이다.

독일 지휘부는 이러한 변절자들로 여러 부대를 창설하였고, 이들은 독일군의 통제와 총통의 명령에 무조건 복종을 맹세했다. 다음의 부대들이 대표적이다.

제 15카자흐군단 SS부대, 제 6라트비아 군단의 제 15·19 라트비아 사단 SS부대, 제 162 터키 사단 SS부대, 제 14 우크라이나 사단 SS부대, 제 20 에스토니아 사단 SS부대, 러시아 해방군.

당시 우크라이나에서는 '우크라이나 민족주의 기구', '우크라이나 저항군'이 조직되었는데 이들의 애국주의와 독립 투쟁 명목

아래 자신들의 민족과 전쟁을 벌였다. 10만 명 이상의 붉은 군대 군인과 민간인들은 자신들의 신념과 양심을 지킨다는 이유로 처형되었다. 유센코(친(親)서방 정치인, 전(前) 우크라이나 대통령)를 앞세운 우크라이나 특정세력은 '우크라이나 민족주의 기구'와 '우크라이나 저항군'의 공적을 높이고 영웅적 칭호를 부여하여 모스크바에 대한 적개심을 고취 시키고 있다. 이 모든 행위의 원인은 정치적 야욕에 의해서 이루어진 것이다.

발트 국가들에서도 독일에 동조한 세력들의 시도가 있었다. 특별히 라트비아에서 그러한 움직임이 활발했는데, '친 히틀러 라트비아 부대'의 부대원들이 볼셰비키로 부터 라트비아 공화국의 독립을 위해 활동하였다. 뉘른베르크 국제 사법 재판소에 의해 이 조직이 범죄조직으로 판명되었음에도 불구하고 애국조직으로 변모시켜 반(反)러 정서를 고취시키는 데 이용하고 있다.

주장 ⑤ : 소련은 나치즘으로부터 유럽을 해방시킨 것이 아니라 동유럽을 노예화시키기 위해 점령군으로서 타국 영토를 침범하였다.

반론 ⑤ : 소련군은 독일군을 격멸함으로써 점령지역을 해방시키기 위해 상당한 피해를 감수했고, 각 국과 협약을 체결하여 해당국 영토에서 나치즘 군대와 전투를 이어갔다.

소련군은 1944년 3월부터 독일군을 격멸하고 나치군에 점령된 국가를 해방시키기 위한 작전을 시작하였다. 특히, 동유럽 국가

해방에 많은 도움을 주었다. 약 700만 명의 소련군은 총 면적 100만km^2, 1억 1,300만 명이 독일의 압제에 고통받고 있는 11개국으로 진주하였다. 이 해방전쟁에서 소련군 100만 명 이상이 피해를 입었는데, 특히 동유럽지역에서 피해가 컸다. 나치즘으로부터 게르만 민족 해방을 위해서는(독일 본토 작전) 소련군 10만 명 이상이 사망하였다.

<동유럽에서 소련군 사상자>

구분	계	폴란드	루마니아	헝가리	오스트리아
소련군 인명 피해	295,000명	60,000명	69,000명	140,000명	26,000명

소련은 타국의 영토로 진격하면서 각국과 상응하는 협약을 체결하여 적법한 가운데 나치 독일군과 전투를 이어갔다. 폴란드 영토로는 1944년 여름, 폴란드 임시 대표(State National Council / Крайова Рада Народова)와 협약에 따라 진주하였다. 이와 유사하게 체코슬로바키아(1943. 12. 12), 노르웨이(1944. 5. 16), 유고슬라비아 민족해방군 지휘부와의 조약을 체결하였다.

소련군이 진주하는 것과 관련된 협약의 내용은 크게 두 가지였다. 첫째, 타국 영토 일부를 병합하거나 현존하는 사회 구조를 변경하는 것이 아니고, 철저히 독일군에 대항한 필수적인 군사적 조치라는 것이다. 둘째, 소련군에 의해 점령된 영토에서 그 국가의 질서를 파괴하고 소련의 질서를 이식하지 않는다는 내용이었다.

전후 유럽국민들은 히틀러의 압제와 비인도적인 나치즘을 몸소 체험하였기에 소련군이 유럽을 파시즘으로 부터 해방시키는 결정적인 역할을 하였다는 것을 인정하였다. 노르웨이 언론은 1945년에 다음과 같이 보도하였다. "노르웨이인들은 러시아인들이 노르웨이를 위해 적을 격멸한 것을 절대 잊지 않을 것입니다." 1950년 덴마크 저항운동에 참여했던 C. 바그네르는 "소련군이 덴마크 해방에 결정적인 역할을 하였다."라고 하며 "소련 병사들이 보른홀름 섬에서 독일군 부대를 격멸시켜 그 섬을 덴마크에게 돌려주었다."라고 말했다.

이 외에도 소련군이 독일에 의해 점령된 유럽 국가에 진주하면서 수백만의 소련 인민과 독일 수용소에 갇힌 타국인들, 강제 노동에 동원된 이들을 해방시킨 것을 잊지 말아야 한다고 주장한다. 아쉽게도 수많은 국민 중 단지 180만 명만 조국으로 돌아올 수 있었다. 백만 명 이상의 소련 국민이 죽임을 당했고, 인종청소를 빌미로 독일 비밀경찰에게 체포되었으며 28만 명이 수용소에서 죽었다.

소련의 수많은 공적은 뒤로하고 근거 없이 소련 병사와 장교들이 해방된 국가의 국민을 가혹하게 대했다고 비난하고 있다. 소련군인은 외국에서 인류애와 인도주의를 표방했다는 것이 그들의 주장이다. 실례로 베를린 전투 중 한 병원에서 기아에 허덕이는 독일 아이들 300명을 발견했다. 여단장은 고민도 없이 그들에게 음식물을 나눠주었다.

주장 ⑥ : 소련이 독소전쟁에서 승리한 것은 미국의 랜드리스[27]의 역할이 컸다.

반론 ⑥ : 랜드리스가 승리에 기여한 바는 부정하지 않지만 결정적인 것에는 동의할 수 없다. 전 국민의 항전의지와 소련 전시 체제의 성과가 결정적인 역할을 했다.

1945년 2월 얄타회담에서 스탈린은 다음과 같이 강조하였다. "랜드리스는 엄청난 착상이다. 이가 없었다면 승리할 수 없었다." 루스벨트 대통령이 가장 신임하는 조언자인 홉킨스는 다음과 같이 썼다. "우리는 랜드리스의 도움이 승리의 주된 원인이라 한 번도 생각한 적이 없다. 승리는 소련군의 영웅주의와 피로써 이뤄진 것이다." 랜드리스의 기여는 있었으나 결정적인 것은 아니었다.

전쟁기간 소련경제에 있어 랜드리스로 지급된 물품은 어느 정도였는지 살펴볼 필요가 있다. 소련의 경제가 전시체계로 전환된 것은 이미 전쟁 초기였다. 1942년 모든 산업은 소련군의 수요를 충분히 충족시켰다. 전투에서 사용되는 요구량보다 1.8~2.7배의 무기를 공급할 수 있는 수준이었다. 1943년 방위산업생산은 1941년에 비해 2.9배 증가하였다.

전시 경제는 1944~1945년 소련군의 공격 전개를 원활히 지원하였다. 전 전선에서 모든 종류의 탄종 수요를 만족시킬 수 있었다. 예를 들어 1941~1942년 겨울, 모스크바 근교 전투 시 일일

27 무기 대여법. 미국이 2차 세계대전 동맹국들에게 탄약, 장비, 식량, 구호물자, 전략적 원료 등을 지원해주는 국가 프로그램.

탄 소요는 100톤~1,000톤이었으나 1944년 제1 벨라루스 전선에서는 20~30만 톤이 소모되었다.

최근 접근이 가능해진 문서를 보면 랜드리스의 역할을 객관적으로 평가할 수 있다. 전시 소비에트 항공기 산업체는 12만 2천대를 생산하였고, 랜드리스로는 소련 생산량의 15%인 18,300대가 도입되었다.

연합군 전차는 자주포를 포함하여 98,300대로, 소비에트 전차 생산량의 12%를 차지하였다. 비록 전투력 측면에서 M4A2 셔먼전차는 도입된 장비 중에서 최신형이었으나 T-34, KB-1, ИС[28]에 비해서는 성능에서 뒤졌다. 1941년 말에 도입된 전차 501대는 모스크바 전투에서 적지 않은 역할을 하기도 했지만 전체 전쟁기간을 놓고 평가해 보면 결정적인 역할을 했다고 보기 어렵다.

랜드리스로 미국 또한 막대한 이익을 챙겼다. 미국 역사가 조지 헤링(George C. Herring)은 다음과 같이 쓰고 있다. "랜드리스는 인류 역사상 최고의 법이 아니었다. 이는 계산된 이기주의의 법이었다. 미국인들은 항상 자신에게 돌아올 수 있는 명확한 이득만큼 제공한다."

1990년대 초 소련이 붕괴되면서 미·소 냉전은 공식적으로 종료되었지만, 소련 연방 국가들에서 소련을 계승한 러시아 해체작업은 지속되고 있다. 구소련 위성국가였던 동유럽, 특히 러시아와 국경을 마주하고 있는 국가들(발트 3국, 우크라이나, 몰도바)에서 '소

28 1943년~1953까지 생산된 소련의 전차였다. "ИС"는 이오시프 스탈린 «Иосиф Сталин»의 러시아어 약자로서 스탈린을 기념한 전차로 불렸다.

련 지우기'가 활발하다. 2차 세계대전의 공적은 묵과하고 국제정치적 진영 논리에 의해 역사를 왜곡하고 있다고 러시아는 강력히 주장한다.

위에서 소개한 대로 러시아는 자신들의 관점으로 역사를 바로잡아 동유럽 일대에서 고조되고 있는 반(反)러 정서를 잠재우고자 한다. 국가 주권차원에서 동유럽 국가들이 EU와 NATO에 가입한다고 보는 것이 아니라 냉전의 진영 논리로 해석한다. '그들'과 '우리'의 이분법적 분리로 친(親) 서방 행보에 대해 적대적 대결 프레임을 씌우는 것이다. 대외적으로는 NATO의 동쪽으로 확장을 군사적 확장으로 부각시켜 국내 안보위협을 고조시킨다. 이를 통해 푸틴의 장기 집권, 사회 불평등, 인권 및 민족갈등 등의 내부 문제를 잠재우고자 하는 목적으로도 볼 수 있다. 역사를 또 하나의 명분과 무기로 활용하기 위한 노력을 지속하고 있다.

동북공정, 독도 영유권 주장 등 우리나라도 주변국들의 역사 왜곡에 홍역을 치르고 있다. 일선에서는 오히려 대응하지 않는 것이 국제사회 이슈화를 막고, 터무니없는 주장 정도로 머무르게 할 수 있다고 한다. 하지만, 대응하지 않는다고 해서 정확한 역사적 사실을 연구하고 관련 자료를 확보하는 것을 멈추어야 하는 것은 아니다. 주변국은 역사 왜곡을 통해 우리나라의 정통성과 영토의 실효적 지배에 치명적인 흠집을 내어 대한민국 국익을 다방면에서 침해할 수 있기 때문이다. 역사는 특정 개인 또는 집단의 명분을 만들고 명분을 통해 소기의 목적을 달성하는 도구로 활용할 수 있음을 명심해야 한다.

5

절대 포기 못 할 군사퍼레이드
(코로나 19 팬데믹도 막지 못한…)

모스크바의 붉은 광장에서는 매년 5월 9일 승전기념일에 군사퍼레이드가 행해진다. 병력뿐 아니라, 각종 장비 및 항공기까지 동원된다. 독소전쟁에서 승리한 후 1945년 6월 24일에 첫 군사퍼레이드를 실시했고, 지금까지 이르고 있다. 심지어 코로나 19로 전 세계가 멈춘 2020년에도 마스크를 쓰고 어김없이 행진했다.

러시아가 군사퍼레이드에 이렇게 진심인 이유가 무엇일까? 역사적으로 살펴보자. 1941년 여름, 독소 전쟁 시작과 함께 독일군의 파죽지세 공격으로 소련군은 이렇다 할 저항조차 못하고 11월에는 모스크바 턱 밑까지 진출을 허용하였다. 국민과 군의 사기는 더 이상 떨어질 것도 없었다. 풍전등화 같은 상황에서 당시 공산당 서기장 스탈린은 신의 한 수를 두게 된다. 바로 군사퍼레이드였다. 전선으로 향하는 부대가 모스크바 붉은 광장을 행진하는 것이었다.

1941년 11월 6일 결심하고 다음날 결행하게 된다. 당시 독일군은 모스크바 인근 70km까지 접근하였고 수시로 공습경보가 울리는 다급한 상황이었다. 모스크바의 추운 겨울 아침(08:00) 군인들은 결의에 찬 모습으로 군악대의 연주에 맞추어 전선을 향해 행진해 갔다. 라디오로 우렁찬 군인의 함성과 군가가 온 국민에게 전파되었다. 스탈린은 처음으로 붉은 광장 레닌 묘 사열대에서 전 국민에게 항전을 호소하였다. 퍼레이드 이후 소련군의 사기는 올라갔고 전 국민의 전의는 불타오르게 되었다. 전세도 역전되어 독소전쟁 2기, 즉 반격으로 전환되는 기점이 되었다.

1945년 6월 24일, 소련은 독소전쟁에서 승리하고 모스크바 붉은 광장에서 첫 승전기념 퍼레이드를 거행하였다. 약 3년 전, 전선을 향해 내딛었던 발걸음이 승리의 행진으로 돌아온 것이다. 전쟁의 영웅 쥬코프 장군이 백마를 타고 사열하였다. 이 영광스럽고 감격적인 전승퍼레이드는 러시아인의 뼛속까지 스며들어 유럽, 더 나아가 전 세계를 구한 승리의 민족이라는 자부심으로 승화되었을 것이다. 이러한 의미가 있는 군사 퍼레이드를 멈출 수 있는 이유를 찾기는 불가능할 것이다.

소련 붕괴 후 러시아는 국가 파산을 겪으며 어려운 시절을 보냈다. 미국과 군비경쟁을 하던 강력한 소련은 역사로 남겨졌다. 21세기에 들어 독재적 성향의 강한 추진력을 가진 지도자 푸틴의 등장과 에너지 자원 가격 상승으로 다시 옛 영광을 되찾아가고 있다. 하지만 외부의 도전도 거세다. 크림반도 합병과 돈바스 지역 분쟁으로 서방의 경제 봉쇄, 동유럽에서 나토군의 동진 및 인구감소와 중국의 부상 등 내·외부 위협이 날마다 높아지고 있다. 우크라이나와의 전쟁은 쉽사리 끝나지 않고 고전의 소식들만 들려온다. 어쩌면 독소전쟁 초기만큼의 자존심에 상처와 전 국민의 어려움이 다시금 영광스런 승리의 군사 퍼레이드를 기대하고 있을지도 모른다. 승전기념 퍼레이드는 비구름을 몰아내면서까지 해야 한다. 비록 공중에서 항공기의 축하 비행이 없더라도 청명한 하늘이 필요하다. 왜냐하면 승리는 항상 밝고 빛나야 하기 때문이다.

러시아군의 퍼레이드를 보면 우리 군과 사뭇 다르다. 우리군은 팔을 힘차게 올리며 그 사이클(팔 높이, 올리고 내리는 움직임)을 맞춘다. 발걸음은 그리 신경 쓰지 않는다. 하지만 러시아는 다르다. 발 사이클(올리는 높이와 속도)이 통일되어야 한다. 과거 공산국가 군이 그렇다. 북한, 베트남, 중국, 몽골 등의 국가에서는 러시아 전술과 제식을 그대로 가져왔다. 또 다른 차이점이 있다. 우리군은 '우로 봐!' 구호에 맞춰 고개를 오른쪽을 똑바로 돌린다. 하지만 러시아군은 턱을 위로 쳐든다. 도도한 아가씨처럼 한껏 높이 든다. 필자가 제병협동참모대학 졸업식에서 러시아군 대열에서 퍼레이드를 같이 한 적이 있다. 너무나 어색했다. 연습할 때 제대로 못해서 훈육관에게

'열외(?)'를 당하기도 했다. 몸이 따라주지 못한 것이 아니라 마음이 내키지 않았다. 대한민국 장교가 북한군과 같은 자세를 취하는 것은 아닌 것 같았다.

<모스크바 붉은 광장에서 2020년에 열린 승전 75주년 행사>

러시아 군인들은 정말 퍼레이드에 진심이다. 5월 9일 승전기념일 행사를 위해 11월 말부터 연습에 들어간다. 겨울에 연병장 눈을 치워가면서 연습한다. 5개월 동안 연습을 하다니…. 행사 대열에는 장교들만 편성되고 장군이 지휘부로 참석한다. 같이 연습하는 것이다. 제병협동참모대학 총장은 '중장(투스타)'이었지만 대열 앞에서 같이 퍼레이드를 한다. 우리 군 사단장이 퍼레이드를? 더구나 승전기념일 당일에는 러시아 지상군 사령관 '대장'이 지휘하고 국방부 장관이 보고를 받는다. 4성 장군(지상군 사령관)의 구령 소리를 들을 수 있는 나라, 그 나라가 바로 러시아다. 지상에서는 병력과 지상군 장비가, 하늘에서는 항공 우주군 항공기가, 바다

에서는 해군 함정이 국민과 세계와 자신들을 향해 무언의 메시지를 보낸다.

설령, 뭇 나라의 비난이 이어진다 할지라도 앞으로도 퍼레이드는 이어질 것이다. 국민을 단합하는 힘, 자랑스러운 역사를 이어주는 수단, 군의 사기를 높여주는 의식으로서 퍼레이드는 전 세계를 두 번이나 구해 낸 러시아인의 구원자로서의 자부심을 공표하는 성스러운 의식이기 때문이다.

<병 력>

<군사 장비(지상군)>

<항공 우주군 비행>

<해군 함정[29]>

29 모스크바 붉은 광장에서 해군 함정 퍼레이드는 하지 못한다. 해군성이 있는 페테르부르크에서 매년 7월 마지막 일요일에 해군의 날로 기념하면서 승전 기념일에 못다한 함정 퍼레이드를 펼친다. 사진 출처 : 러시아 크렘린(대통령 궁) 공개 영상 캡쳐(kremlin.ru)

6

보드카 100g의 쓸모
(독소전쟁의 일등 공신)

영화 '1942 : 언노운 배틀'[30]이라는 영화를 본 적이 있는가?

혹독한 러시아의 겨울, 소련군이 참호에서 뛰쳐나와 맹렬하게 돌격하는 장면이 잘 묘사되어 있다. 도대체 무엇이 이들을 그 두려움과 추위를 이겨내며 독일군 방어진지로 돌격하도록 했을까?

---

30 '1942: 언노운 배틀'은 소련과 독일군 300만 병력이 격돌하여 100만 명 이상의 사상자를 낸 제2차 세계대전 사상 가장 처절한 전투로 불리는 '르제프 전투'를 그린 영화. 르제프는 모스크바에서 북서쪽으로 300km 떨어진 도시.

돌격장면

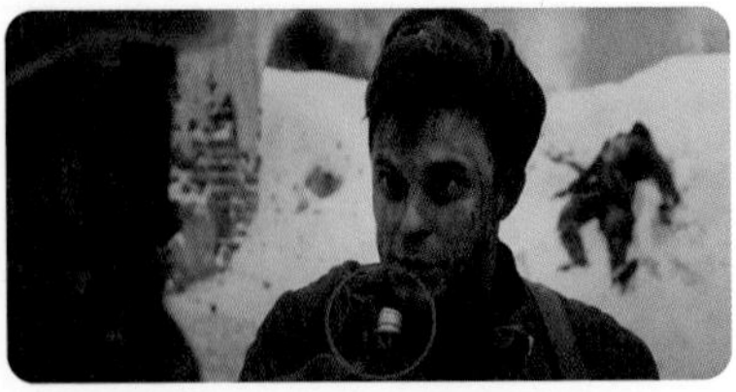

수통의 내용물은 분명히…

<영화 르제프 장면>

독소전쟁 시 소련의 지도자 스탈린은 공격작전에 보드카 100g을 지급하여 이를 마시고 돌격하도록 하였다. 제병협동대학 교관들도 공격작전 강의를 하면서 공격의 맹렬함은 군기와 사기, 조국수호를 위한 사명감 및 파시스트 독일에 대한 적개심도 있었겠지만, 보드카 100g의 역할이 컸음을 농담처럼 이야기하였다. 음주의 장점을 여기서 찾을 수 있다니…. 음주 공격으로 독소전쟁에서 승리할 수 있도록 도와준 보드카, 알코올 소비대국 다운 보드카의 전술적 운용이 기발하다.

전쟁 초기 독일군의 거침없는 공격에 무너지는 방어 전선을 보고 받고, 스탈린은 "한 발짝도 물러나지 마라!"(Не шагу назад!) 라고 작전명령을 하달하였다. 추운 겨울, 소문으로 듣던 강력한 독일군을 향해 용맹하게 돌격하는 소련군을 만든 것은 공포스런 지도자 스탈린이 아니라 한 잔의 보드카였을 것 같다. 그러한 영향인지는 몰라도 야외훈련을 나가는 날에는 가방 깊숙한 곳에 사랑하는 '전우'가 항상 함께 했던 것 같다.

<동계훈련>

<동계훈련 텐트 내부>

러시아 전술에서 방어작전은 견고성과 적극성, 공격작전은 맹렬함을 강조하고 있다. 좀 더 풀어서 설명하면 방어작전시 장애물과 진지구축, 예비대 편성 등을 통해서 적의 공격을 저지, 격퇴 및 격멸하는 것이 견고성을 의미하고, 적극성은 방어작전 중일지라도 전력을 공세적으로 운용하여 적의 약점을 공격하는 것이다. 그렇다면 맹렬함은 어떻게 설명할 수 있을까? 적진을 향해 맹렬하게 돌격하여 방어진지에서 전투하고 있는 적을 무너뜨리는 것이다.

준비된 방어진지(참호)에서 보호받는 가운데 전투하는 방어작전과 비교하여 진지를 이탈 후 적진을 향해 자신의 몸을 던지는 공격작전에는 상당한 전투공포를 극복해야 한다.

독소전쟁 초기, 소련군은 위에서 설명한 공격작전의 전투 공포 외에도 극복해야 할 장애물이 더 있었다. 이를 극복하기 위해 당시 소련군은 보드카 100g을 보급하는 조치를 취하게 되었다. 도대체 무엇 때문에 이러한 특단의 조치를 취할 수밖에 없었을까?

첫째로, 독일군에 대한 두려움이 컸다. 전쟁초기 소련은 여러 공격 징후를 식별하였음에도 불구하고 독소불가침조약을 믿고 있었다. 그래서 독일은 소련군의 조직적인 방어를 제대로 접하지 못하고 쉽게 모스크바 턱밑까지 이르게 되었다. 모스크바 근교에서의 대대적인 반격을 시작으로 공세로 전환하였지만, 초기에 전격전을 구사하는 독일의 공격에 쉽게 무너져 버렸다. 이미 소련 국민들은 서유럽에서 독일군의 활약을 어렴풋이 알고 있었고, 소련 서부 국경에서 대패한 사실도 순식간에 전파되었다. 천하무적 독일군에 맞서 싸우기 위해서는 '제정신'으로 전투에 임하기 어려웠을 것이다.

둘째로, 대대적인 반격작전으로 전환하는 시기에 대규모의 병력 동원이 있었다. 우리나라 예비군들이라 볼 수 있다. 이들은 제대로 된 훈련도 받지 못하고 전투에 투입되었다. 훈련된 상비군도 힘없이 쓰러지는데 이들의 두려움은 더 컸으리라 생각된다.

셋째로, 러시아 하면 빼놓을 수 없는 혹독한 겨울이다. 더욱이 1941년 여름에 시작된 전투는 길고 추운 겨울을 이겨내야 했다. 제대로 된 방한 물자도 부족한 시기에 혹독한 추위를 이겨내기 위해 술 한 잔이 필요했을 것이다.

전쟁 때 요긴했던 보드카였지만 이면에는 어두운 현실이 존재했었다. 길가와 공원 여기저기에서 삼삼오오 모여 술판을 벌이는 모습, 술에 취해 누워있는 사람들이 너무 흔했다. 겨울에는 술에 취해 밖에서 잠들어 동사(冬死)한 사람, 직접 보드카를 만들어 먹다가 사망했다는 소식 그리고 시중에 저렴한 보드카를 마시고 수십 명이 피해를 입었다는 뉴스가 심심찮게 보도되었다.

러시아 보건부가 2019년 밝힌 자료를 보면 러시아인 평균 수명은 73.4세로 역사상 최고치를 경신했으나 국제 보건기구 기준으로 보면 전 세계 183개국 중에서 105위로서 북한, 볼리비아, 리비아 등과 같은 나라와 비슷한 수준이라고 한다. 특히 남성 평균 수명이 현저히 낮아서 전체 순위가 내려갔다고 평가하는데, 2018년 기준 남성 평균 수명은 67.75세였다. 당시 여성 평균 수명은 77.82세였다. 소련 시절에도 60세 초반에 머물렀었고, 소련 붕괴 후 2000년 초반까지만 하더라도 평균 수명이 60세 이하였다.[31] 남성이 단명했던 다양한 원인 중에서 과음으로 인한 비율이 높았으리라 추측된다.

하지만, 2018년 월드컵을 준비하면서 유엔 차원의 금주 프로그램을 대대적으로 추진하였다. 법적으로 길거리에서 술을 마실

31 "러시아인의수명은어떻게변했을까?", 타스통신, 가브릴그리고로프, 2020. 4. 21. (https://tass.ru/info/8297145?utm_source=yandex.ru&utm_medium=organic&utm_campaign=yandex. ru&utm_referrer=yandex.ru)

수 없도록 조치하고 밤 11시 이후 알코올 판매를 금지하는 등 강력하게 통제하면서 과음으로 인한 폐단이 조금씩 사라지게 되었다. 필자가 생각하기로는 2018년 러시아 월드컵을 기점으로 러시아의 시민의식과 준법정신 수준이 획기적으로 향상되었다고 평가한다.

"술도 안마시고, 담배도 안피운다니 이런 남편이 어디 있어요?" 2006년 러시아인 친구 안톤의 아내가 감탄하며 나에게 한 말이다. 술과 담배로 인해 안톤의 아내뿐 아니라 수많은 러시아 여성의 고통을 짐작할 수 있었다. "한국 남성 중 절반은 그럴걸요?"라고 대답하니 그런 나라에 사는 한국 여성이 너무 부럽다고 하였다.

무엇이든 적당한 것이 좋다. 과유불급(過猶不及)이라는 말을 다시 한 번 생각하게 된다.

7

과녁 vs. 가늠자

(모스크바는 과녁인가? 가늠자인가?)

VS.

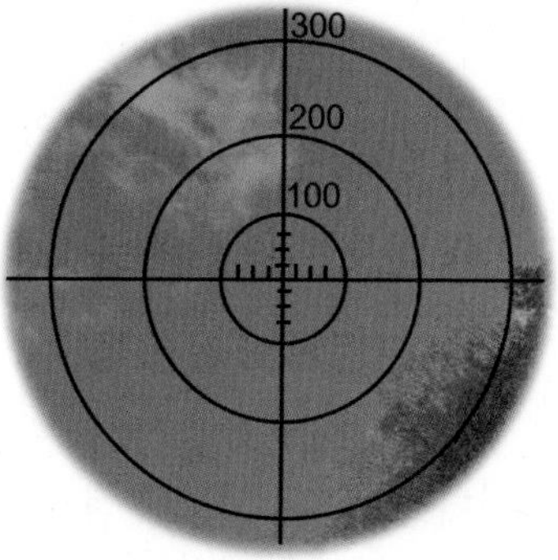

<과녁>

<대공무기 가늠자>

다음 사진은 모스크바와 모스크바 인근 도시 지도이다. '모스크바'라는 글자 외곽으로 총 3개의 순환도로를 찾을 수 있는가? 사진의 오른쪽 아래에 일부 설명이 되어있다.

<도로를 표시하지 않은 지도>

정답은 다음의 사진에 있다. 가장 외곽도로는 분홍색 점선으로 표시되어 있고, 모스크바 대(大)순환도로이다. 총연장 547km이다. 그 안에 청색 점선은 소(小)순환도로이고, 총 347km이다. 서울에서 부산까지 대략 400km로 볼 때, 이 순환도로의 길이를 가늠할 수 있다. 마지막 주황색 점선은 모스크바 자동차 순환도로다. 길이는 108km이고, 이 도로가 모스크바시(市)의 경계다.

<도로와 색을 넣은 지도>

도로를 표시하고 색을 넣으니 과녁처럼 보인다. 가장 안쪽, 모스크바시(市) 내부를 좀 더 확대해 보면, 여기에도 4개의 작은 원이 더 보인다. 아래 지도에서 총 4개의 순환도로를 찾을 수 있는가?

<도로를 표시하지 않은 지도>

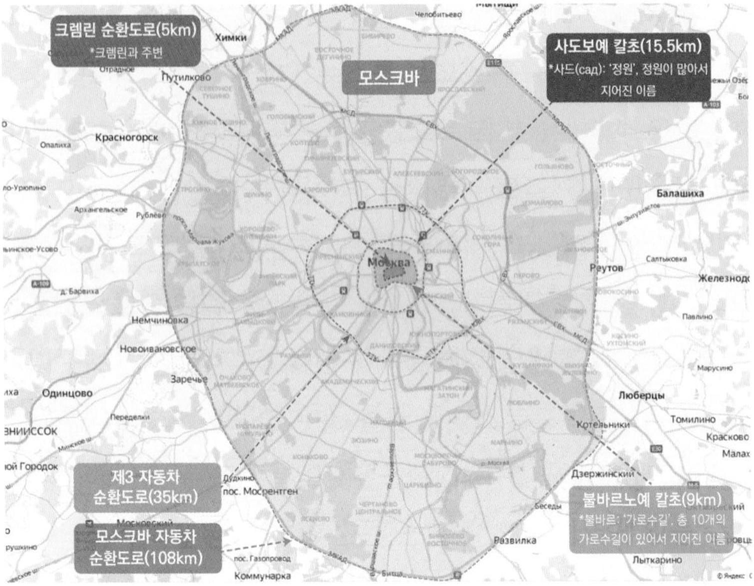

<도로와 색을 넣은 지도>

이 지도의 위쪽 지도의 가장 안쪽(갈색 화살표)은 크렘린 순환도로, 그 다음은 불바르노예 순환도로(초록색), 세 번째는 사도보예 순환도로(청색)[32], 마지막은 제3 순환도로(분홍색)다. 내부의 순환도로 4개까지 포함하여 원형으로 된 순환도로 총 7개가 발달 되어있다. 즉, 7개 원으로 이뤄진 과녁이 완성된 것이다. 사격을 많이

32 크렘린(Kremlin)은 모스크바 대통령 궁을 의미한다. 러시아어로는 크레믈(Кремль)이라고 읽는다. 그래서 가장 안쪽 순환도로는 크렘린을 감싸고 있는 도로라는 의미다. 러시아어 '불바르(бульвар)'는 가로수길을 뜻한다. 총 10개의 가로수길이 있어서 지어진 이름이다. 러시아어 '사드(сад)'는 작은 정원을 뜻한다. 이 지역 주변에 정원이 많이 있다고 해서 붙여진 이름이다.

하는 직업군인이라 그런지 과녁을 보면 가운데 명중시키고 싶은 생각이 제일 먼저 든다.

하지만 다른 관점에서 보면 대공무기의 가늠자처럼 보이기도 한다. 하늘의 무엇인가를 과녁 삼아 정밀하게 조준하고 있는 수 개의 원으로 이뤄진 가늠자…. 위에서 내려다보면 과녁, 밑에서 올려다보면 가늠자다. 다른 말로 하면 모스크바를 노리고 있는 자에게는 과녁이 되고, 노리는 자로부터 도시를 지키려는 자에게는 가늠자가 된다. 이렇듯 관점에 따라 다르게 인식되는 모스크바와 주변 순환도로는 처음부터 군사적 쓸모에 의해서 건설되었다. 현재도 이 도로를 따라 방공무기들이 배치되어 러시아 수도와 인근 주요 산업시설을 보호하고 있다. 러시아는 과녁이 아니라 가늠자로서 역할을 고려하여 도시를 조성하였다. 방공시스템 구축과 밀접한 관계가 있는 것이다.

모스크바 방공망 구축 역사

소련(러시아)은 항공기를 군사적 용도로 사용하기 시작한 1차 세계대전을 경험하고, 2차 세계대전 서유럽 전역에서 독일군 폭격기들이 주요 도시를 무참히 파괴한 사실을 목격하였다. 그리고 미국이 일본의 히로시마와 나가사키에 원자탄을 투하하여 두 도시가 지도상에서 지워질 정도의 피해를 입혔다는 것에 상당한 충격을 받았다. 소련 지도부는 파괴된 서유럽과 일본의 도시들처럼 자신들도 적군의 공중 공격을 받을 수 있다는 공포감에 휩싸이게 되었다. 정치, 경제, 문화, 종교의 중심지인 모스크바와 그 주변 도시들이 적의 선제공격에 막대한 피해를 입게 된다면 다시는 재기할 수 없는 상황에 빠질 수 있다는 심각한 우려를 하기 시작한 것이다. 그래서 절박한 심정으로 방공시스템 구축에 착수하게 되었다.

러시아는 내전시기(1918년~1920년)부터 수도 상공을 방어하기 위해 방공시스템을 구축하기 시작했다. 이 시기에는 전투기 28대와 제7 방공포대가 대공방어 임무를 수행하였다. 이들의 임무는 적 항공기가 2,000m 이하로 내려오지 못하게 하는 것이었다. 당시에는 고(高)고도에서 목표에 정확히 포탄을 투하할 수 없었기 때문이다. 모스크바 주변 100km~120km 떨어진 외곽지역에 직통전화가 연결된 관측소가 운용되었다. 이는 대공 초소로서 적 항공기의 접근을 조기에 경보하기 위함이었다. 주요 운용지역은 모스크바 서쪽과 남서쪽의 주요 도시인 볼로콜람스크, 모자이스크, 말로야로슬라베츠, 세르푸호프였다. 모스크바 중심으로부터 약 100km 떨어진 모스크바주(州) 주요 도시에 배치하였다. 차후 1950년 초에 이 도시를 이은 선이 방공망의 마지막 순환도로[대(大)순환도로]가 된다.

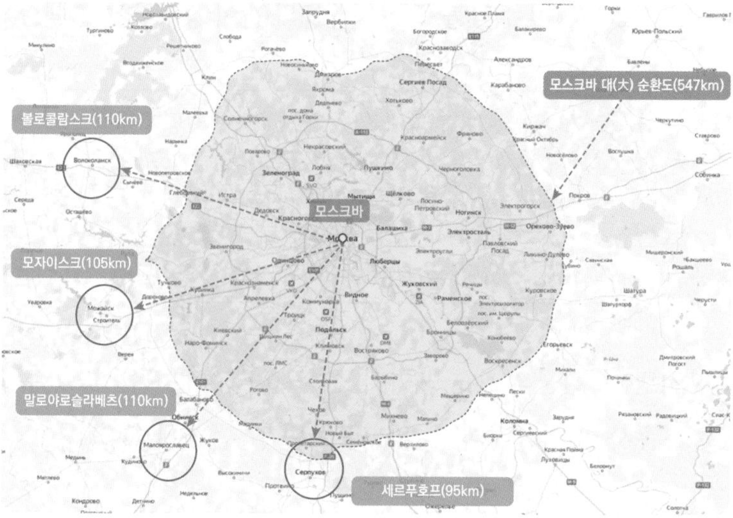

<모스크바 대(大) 순환도로 인근의 방공 관측소(방공망 구축 초기)>

대조국전쟁(독소전쟁) 전 집중적으로 방공시스템을 발전시켰다. 서유럽 주요 도시들이 독일의 공중 폭격에 속수무책으로 당하는 모습을 보고, 서부 전선의 보강보다 모스크바와 주변 주요 도시를 보호하기 위한 방공시스템을 우선 보완했다. 특히, 서부와 남서부 지역에서 공격하는 적 항공기를 방어하기 위해 대부분 역량을 모스크바 서부지역에 배치하였다. 대공 초소는 물론이고 기구를 활용한 공중 장애물도 다량으로 배치하였다. 공중에서는 소련 항공기가 독일군 야간 폭격에 대비하기 위하여 인근 군 기지에서 상시 대기하고 있었다.

그럼에도 불구하고 독소전쟁 초기 독일군 폭격으로 소련군 피해는 적지 않았다. 모스크바와 모스크바주(州) 경보센터장인 국가

보안부 소령 미하일 주라블료프는 다음과 같이 상부에 보고했다.[33]

> *"최초 공습으로 792명이 피해를 입었고, 이 중 130명은 사망했다. 모스크바에서는 1,166개소에서 화재가 발생했다. 이 중 군사 기지는 36개소였다. 철도망 6개 구간이 파괴되었다. 특히, 벨라루스역에서는 화마가 건물과 기차를 삼켰다. 볼로차옙스키 도로 인근의 군 보급 창고와 그루진스키 발(도로명) 인근의 식량창고도 큰 피해를 입었다. 이 외 공장지대와 주민 거주 지역에 불이 났다."*

하지만, 소련군의 대공방어가 전혀 효과가 없지는 않았다. 소련군 조종사 마크 갈라이의 증언을 보면 알 수 있다.[34]

> *"독일 폭격기들은 2km~3km의 저고도로 비행했는데, 소련군의 강력한 저항을 상상하지 못했다. 독일 폭격기 중 다수는 목표에 도달하지 못한 채 먼거리 모스크바 평원의 숲에 포탄을 떨어뜨리고 복귀했다."*

며칠 후, 독일군의 모스크바 정찰 결과가 알려졌다. 이에 따르면 모스크바 인근에는 강력한 방공 체계가 구성되어 있었고, 특히 야간에 소련 항공기들이 예상치 못하게 공격해 왔다는 것이다.

히틀러는 서유럽 주요 도시들처럼 모스크바도 독일군의 강력한 폭격으로 초토화될 것을 의심치 않았던 것 같다. 공습에 참가한 폭격기에 독일 기자들이 동승 했었는데, 이들은 나치 공군의 활약

---

33 "철통 대공방어, 모스크바의 하늘은 어떻게 나치 독일군에게 접근을 허용하지 않았는가?", 드미트리 하자노프, 2021.7.21(https://tass.ru/opinions/11942011)

34 "마크 갈라이는 훌륭한 조종사이자 작가였다. - 리쟈노프", 세르게이 바르삽칙, 2009.4.16.(https://ria.ru/20090416/168249552.html)

상을 대대적으로 보도할 계획이었다. 하지만 이들의 예상이 빗나갔다.

소련 전쟁 지도부도 생각했던 것보다 피해가 크지 않았다고 판단했다. 즉, 심혈을 기울인 대공 방어체계가 제 기능을 발휘했다는 것이다. 1941년 9월까지 모스크바 공습이 종료되었는데, 독일군 제55 폭격기 부대는 전력의 50%를 상실했고 "제53 레기온 콘도르"부대는 70%를 상실했다고 기록하고 있다. 결과적으로 보더라도 독소전쟁 초기에 피해가 크지 않았기 때문에 반격을 통해 독일군을 격퇴할 수 있었고, 전쟁에서 승리할 수 있었을 것이다.[35]

그리고 또 다른 사실에서 모스크바 방공 체계가 어느 정도 잘 작동했다고 짐작할 수 있다. 독소전쟁 초기 모스크바 대공방어 부대 지휘관인 소장 다닐 쥬라블료프와 제6 항공부대 지휘관인 이반 클리모프에게 독소전쟁 최초 스탈린의 표창이 수여되었다는 사실에서다.[36]

그러나 1945년 미국이 히로시마와 나가사키를 폭격한 후 새로운 대공방어 시스템 구축에 대한 문제가 대두되었다. 이는 미국의 전략폭격에 대응할 수 있도록 대공 방어체계를 발전시켜야 한다는 것이다. 즉, 200km 거리에서 25km 상공의 전략폭격기와 핵무

---

35 "모스크바 대공방어는 어떻게 구축되었나?", 콘스탄틴 카르고폴스키 2023.3.1.(https://www.maximonline.ru/guide/kak-na-samom-dele-ustroena-sistema-pvo-moskvy-id868074/?ysclid=lfui9531yi257424122))

36 "잊혀진 대조국전쟁의 장군들". 다닐 아르센티에비치, 2022.2.21.(https://dzen.ru/a/YhB3C5C2Yy4qMgxA)

기를 격추 시킬 수 있는 무엇인가가 필요했다.

1950년부터 1953년까지 치열한 연구를 통해 소련 최초의 대공미사일 시스템 C-25[37]를 개발하였다. 1958년까지 모스크바 인근 대공방어 연대 56개가 배치되었고, 동시에 최대 20개의 목표를 타격할 수 있었다. 그리고, 3km~25km 상공의 항공기를 35km 거리에서 격추 시킬 수 있는 능력을 보유하게 되었다. 최대 1,000대의 폭격기 또는 미사일이 날아오더라도 대응할 수 있는 수준을 목표로 하였다.[38]

완벽한 대공방어를 위해서는 더 중요한 것이 필요했다. 바로 포장된 도로다. 군사용어로는 전술도로라고 한다. 대공미사일(차량화)이 모스크바 평원의 빽빽한 숲속에 숨어있다가 사격진지를 신속히 점령하기 위해서는 도로가 있어야 했다. 그래서 모스크바 외곽에 순환도로를 건설하였다.

적 항공기를 두 차례에 걸쳐 격추 시킬 수 있도록 모스크바로부터 90km 반경으로 첫 번째 순환도로를, 50km 반경에 두 번째 도로를 만들었다. 당시 이 도로를 건설하기 위해서 소련이 1년간 생산하는 콘크리트를 다 사용하였다고도 한다. 1990년대까지 이 도로는 군사지도 이외 어느 지도에도 표시되지 않았고, 소련 붕괴 후에

37 러시아어로 'Беркут'이라는 명칭이 부여되었는데, 이는 검둥수리를 의미한다. 미국과 나토 분류기준으로는 SA-1(Guild)로 불린다.

38 "모스크바의 지붕: 소련의 전설적인 대공방어 시스템 C-25 베르쿳은 어떻게 개발되었는가?", 올렉 갈리츠키흐, 2022.4.27. (https://rg-ru.turbopages.org/rg.ru/s/2022/04/27/kupol-moskvy-kak-sozdavalsia-legendarnyj-sovetskij-zrk-s-25-berkut.html)

야 아스팔트로 포장되어 민간에 개방되었다. 도시가 과녁 또는 가늠자처럼 보이게 된 이유가 바로 이것이었다.

현재 모스크바 대공방어 부대

현재도 1950년대에 구축된 '두 동심원' 형태의 대공 방어개념을 그대로 유지하고 있다. 단, 무기체계 발전으로 보다 향상된 성능의 조기경보체계(레이더)와 대공미사일 및 요격기가 배치되었다. 현재 러시아 수도와 주변의 중요지역을 방어하기 위해서 배치된 러시아의 대공 방어시스템을 간단히 살펴보고자 한다. 대륙간 탄도미사일에 대응하는 미사일 방어체계와 항공기 또는 순항미사일에 대응하기 위한 대공방어, 그리고 적 항공기 격추를 위한 항공우주군 전력, 총 3가지 분야로 구분하였다.

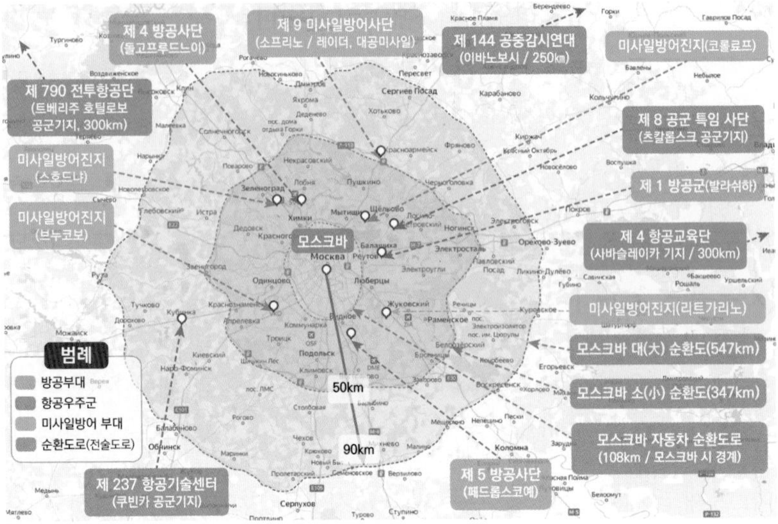

<모스크바 대공방어를 담당하는 부대 배치도>

먼저, 미사일 방어 분야이다. 위 사진에서 초록색 사각형에 표시되어 있는 부대가 담당하고 있고, 화살표가 부대 위치를 가리키고 있다. 대륙간 탄도미사일로부터 수도를 지키는 것이 주된 임무다. 제1 방공군이 모스크바주 발라쉬하에 주둔하고 있고, 제9 미사일 방어사단과 제4, 5 대공 방어사단이 예하 부대로 편성되어 있다. 미사일 방어는 제9 미사일 방어사단이 담당한다.

미사일 방어의 핵심 전력은 A-135 미사일 방어시스템(아무르[39])인데, 제9 미사일 방어사단이 운용하고 있다. '아무르' 미사일방어 체계는 돈-2H 레이더 기지와 5개의 미사일 방어부대로 구성되어 있다. 레이더는 곧 '눈'과 '머리'의 역할을 하고 미사일 방어부대에

39 러시아와 중국 국경을 따라 흐르는 강 이름이다. 중국에서는 흑룡강이라고 부른다.

배치된 대공미사일 53T6은 식별된 표적을 타격하는 '손'과 '발'의 역할을 한다. 돈-2H 레이더는 1996년부터 운용되고 있는데, 우주공간의 5cm 정도의 목표를 최대 2,000km까지 식별할 수 있다. 또한, 동시에 100개의 표적을 추적할 수 있다. 이 레이더 기지는 모스크바 북쪽 50km 지점인 소프리노에 위치하고 있다.[40]

총 5개의 미사일 방어 부대는 대(大)순환도로와 소(小) 순환도로 인근에 분산되어 배치되어 있다. 이 부대에는 중고도 대공미사일 방어체계인 53T6[41]을 운용하고 있다. 사거리 80km~100km, 고도 5km~30km의 탄도미사일 68발을 동시에 격추 시킬 수 있다. 이 부대의 위치는 요도의 초록색 사각형의 화살표가 가리키고 있다.[42]

두 번째는 대공 방어체계이다. 이는 적의 항공기 또는 순항미사일로부터 방어하기 위한 것이다. 제1 방공군 예하의 제4, 5 대공방어사단이 담당하고 있다. 각 사단은 대공감시(레이더 운용) 연대 1개와 방공 연대 4개로 구성되어 있다. 요도에는 분홍색 사각형이 화살표로 부대 위치를 가리키고 있다. 방공 연대는 대부분 C-400 대공미사일(HATO — SA-21 Growler)으로 무장되어 있다. 방공 연대는 2~4개 대대로 이뤄져 있다. 각 대대에는 8~12대의 발사 장치를 보유하고 있으며 발사 장치당 4기의 대공미사일을 장착하고 있

---

40 "아무르 A-135시스템", 밀리터리 러시아, 2022.4.1.(http://militaryrussia.ru/blog/topic-875.html)

41 나토 명칭으로는 'ABM-3 Gazelle' 이다.

42 "미사일방어전투는 신속하게 이뤄진다. 모스크바 방어를 위한 미사일방어체계의 비밀에 대해서 무엇이 밝혀졌는가?", 로만 아자노프, 2020.1.22.(https://tass-ru.turbopages.org/tass.ru/s/armiya-i-opk/7578561)

다. 이를 종합해 보면 연대에는 16개 또는 48개의 발사 장치를 보유하고 있고 대공미사일은 64~192기가 장착되어 있다. 이러한 연대가 총 4개가 있으니 최대 768기가 수도 영공을 바라보고 있는 셈이다. C-400 대공 방어시스템은 평균 10개의 표적에 동시 사격이 가능하고 목표 식별 능력은 최대 600km이다.[43]

마지막으로 항공우주군 예하의 전투비행단이 영공 항공정찰, 조기 경보 및 적 항공기 침입 시 격추의 임무를 수행하고 있다. 러시아 서부지역(유럽지역 러시아라고도 한다)에 총 5개 공군기지가 주둔하고 있다. 앞의 부대 배치도에는 주황색 사각형과 화살표로 그 위치를 표시하였다.

<모스크바 방호를 위한 항공우주군기지 현황>

부대	주둔 지역	보유 기종	주요 임무
제8 항공 특임사단	츠칼롭스키	• 일류신-22 또는 22M, 13대 (폭격기 / Ил-22, Ил-22М) • 일류신-20, 2대 (정찰, 전자전 / Ил-20)	• 공중지휘소, 전략폭격 • 항공정찰 및 전자전
제144 항공연대	이바노보	• A-50(Y)15대(조기경보기)	• 조기경보, 공중지휘소
제790 항공연대	트베리	• 미그-31, 24대(요격기/ МиГ-31) • 수호이-27, 30대(전투기/ Су-27)	• 요격 임무

43 "대공미사일 C-400 '트라이움프': 제원", 리아노보스티, 2018. 10. 5. (https://ria.ru/20181005/1529791664.html)

제4 교육 및 전투 실험센터	니제고러드	• 미그-31(요격기 / МиГ-31)	• 조종사 양성, 전투 실험
제237 항공기술 센터	쿠빈카	• 미그-29, 수호이-27(30), 20대	• 비행 시범단 (러시아 용사들, 수호자)

새로운 위협

또 다른 공중 위협이 생겨났다. 바로 무인공격기와 드론이다. 2022년 12월 5일 우크라이나 무인기가 러시아 리쟌주(州) 댜길레보(모스크바 남쪽 175km)와 사라토프주(州) 엥겔스 군 공항(모스크바 남서쪽 740km)에서 격추되는 사건이 발생했다. 격추되는 과정에서 발생한 파편으로 3명이 중상을 입고 4명은 부상을 입어 후송되었다.[44] 이 공항은 러시아 항공우주군의 전략 폭격기가 위치한 곳이었다. 곧바로 러시아는 정밀유도무기로 보복을 하였는데, 우크라이나 군 지휘소와 방산업체, 통신망 및 발전소 등을 타격했다.

또한, 특별군사작전이 시작된 지 1년이 막 지난 시점인 2023년 2월 28일 우크라이나 무인공격기 UJ-22 Airbone이 모스크바 남쪽 100km 근교의 콜롬나 지역에 추락했다. 방공무기의 공격을 받은 것이 아니라 나무에 걸려서 떨어진 것으로 확인되었다. 이제는

44 "우크라이나 드론이 러시아 공항을 공격한 것에 대해 국방부가 밝혔다.", 러시아 비즈니스컨설팅사, 2022.10.5.(https://www.rbc.ru/politics/05/12/2022/638e20f19a7947f8ab62c501)

모스크바 인근까지 우크라이나군 공격이 미친 것이다. 이후 모스크바 시내 곳곳에 판치르-C1 대공무기가 배치되는 것이 목격되었다.

대공무기 판치르-C1

국방부 옥상에 설치된 판치르-C1

모스크바 시내에 설치된 판치르-C1

푸틴 관저 노보아가료보의 판치르-C1

<판치르 C-1>

판치르-C1[45]은 우리나라의 비호 복합[46]과 유사하다. 기동성과 가성비가 좋아 드론, 소형 무인기 대응에 적합하다는 평가를 받고 있다. 여기서 '가성비'라 함은 값싼 드론을 격추 시키는 데 고가의 지대공미사일을 쏠 필요 없이 상대적으로 저렴한 대공포를 이용할 수 있다는 의미다.

판치르는 우리나라에 부정적 이미지로 각인되었다. 지난 2020년 9월 20일, 오랜 시간을 끌어왔던 인도와 한화 디펜스 사이의 "K30 비호복합" 계약이 끝내 취소된 이유가 바로 러시아측의 압력이 작용했기 때문이다. 러시아산 무기를 주로 도입해 왔던 인도가 판치르를 선택하지 않고 비호 복합을 선택했기 때문이다. 이후 러시아는 공개 입찰의 불공정성을 제기하며 다방면으로 인도측에 압력을 가한 것 같다. 그러나 방산 강국 러시아와 경쟁에서 승리했다는 자부심과 국제사회의 평가는 차후 방산 수출에 긍정적 영향을 미칠 것이다.

무인공격기는 저비용으로 국가 및 군사 중요시설 또는 다중이용시설을 타격하여 적에게 심리적 공포와 물리적 피해를 줄 수 있는 상당히 효율적인 무기이다. 몇 차례 드론 및 무인기 공격이 일

---

45 판치르는 러시아어로 '갑옷', '방탄복'을 뜻함. 주요 제원 : 사거리 1.2km~20km, 고도 15m~15km, 공중 표적을 100km까지 식별 가능, 4개 표적에 동시 사격 가능, 30mm 대공포는 1,400발 사격 가능, 진지변환 후 10초 만에 사격 가능/"판치르는 어떠한 특징을 가지며 왜 무인기 대응에 효과적인가", 유리 가브릴로프, 2023.1.17.(https://rg.ru/2023/01/17/pancir-s1-ohotnik-na-bespilotniki.html)

46 K-30(30mm 비호 자주대공포)에 지대공미사일 신궁을 결합한 구경 30mm 비호 복합 대공체계를 의미한다.

어난 후로 러시아 국민들도 우크라이나 특별군사작전이 자국 영토 깊숙한 곳에서도 일어날 수 있다는 사실을 깨닫게 되었다. 모스크바 인근 무인기가 낙하되고 난 후 모스크바 시내에 서둘러 설치되는 대공무기를 보면서 러시아 국민들은 어떤 생각을 했을까?

러시아의 '녹색창'인 '얀덱스 포털' 검색어 통계자료를 통해 분석해 보았다. 러시아인은 특별군사작전에서 얼마나 위협을 느끼고 있는지 예상해 볼 수 있었다. 검색어 '대피소(бомбоубежище)'는 특별군사작전 시작 시점과 부분동원이 시작되고 흑해함대 드론 공격으로 모스크바함이 피해를 받은 시점에서 급격히 상승하였다. 그 이후로 모스크바 남쪽 100km 지점에서 무인기 공격이 있었지만, 이전 검색량보다 현저히 높아지지는 않았다.

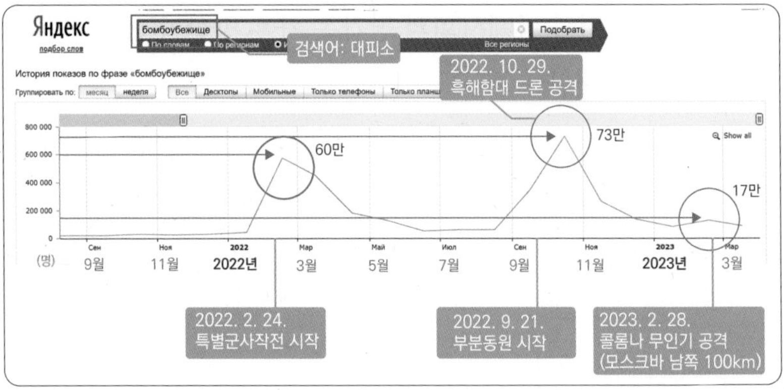

<"대피소" 검색 횟수>

'드론(дрон)', '무인기(беспилотник)' 검색 횟수는 흑해함대 드론 공격과 콜롬나 무인기 공격 시점에 급격히 상승하였다. 무인기와 드론이 실질적인 위협으로 작용한 것으로 볼 수 있다. 이제는 러시

아인 자신도 예상치 못한 시간과 장소에서 피해를 받을 수 있다는 걱정을 하게 된 것이다. 그러나 "대피소" 검색 횟수 경향을 볼 때 이미 흑해함대 공격 이후로는 큰 관심이 없는 것으로 나타났다. 이미 특별군사작전 초기, 부분동원 시작 및 흑해함대 공격 사건으로 충분히 검색해 본 것이 그 이유로 추측된다.

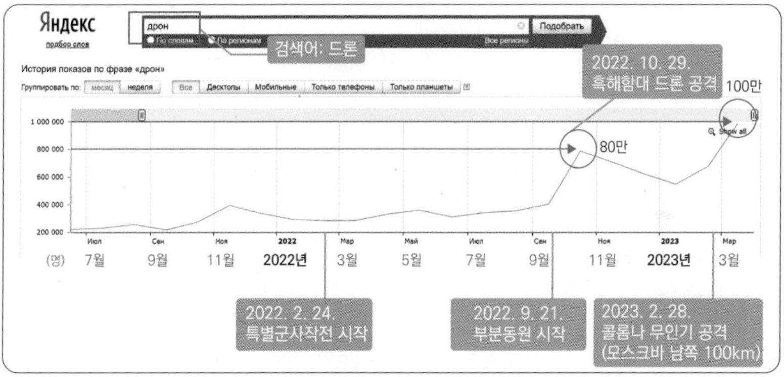

<"드론" 검색 횟수>

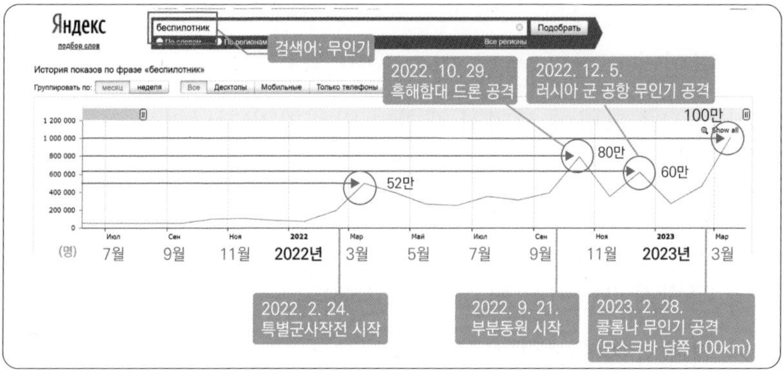

<"무인기" 검색 횟수>

모스크바시를 기준으로 대피소 현황이 각종 포털 엔진과 어플에 약 250개소가 공지되어 있었다. 모스크바시 총면적이 2561.5km^{2}인데 대략 10km^2 당 대피소 한 곳이 있는 셈이다.

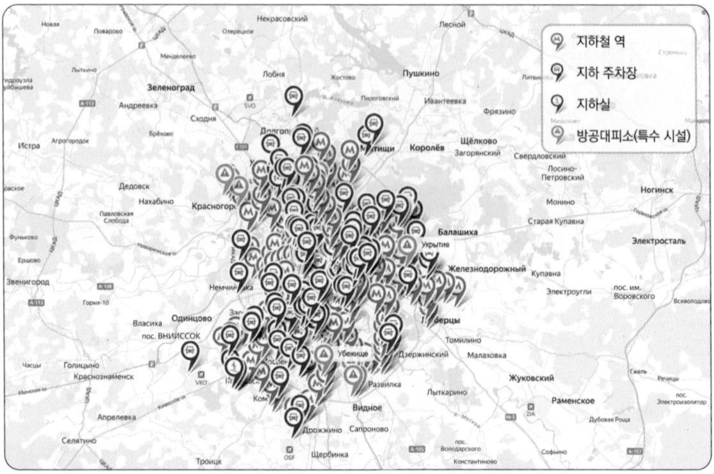

<모스크바시 방공대피소 현황>

지금도 모스크바 시내에 공중으로 진입할 수 있는 사람은 단 세 사람이라고 한다. 푸틴, 미슈스틴(총리) 그리고 쇼이구 국방장관이다. 모스크바에 살면서 헬기나 비행기가 지나가는 것을 잘 못 본 것 같다. 딱 한 번, 제병협동대학 건물에서 보이는 국방부 건물 옥상에 헬기가 착륙하는 것을 본 적은 있다. 당시 교관이 대통령, 총리, 국방장관만이 내릴 수 있다고 했다. 모스크바가 과녁이 되지 않기 위해서 가장 효과적인 통제는 모스크바 인근을 아무도 날지 못하게 하면 되는 것이다. 엄격한 비행금지구역 설정…. 가장 확실하고 안전한 방법을 택한 것이다.

8

지금도 러시아는 전쟁 중

러시아는 시리아 전쟁에서 ISIS(이슬람 무장 단체)와의 전쟁에 정부군을 지원하면서 참전하게 되었다. 이 전쟁에서는 정밀유도무기를 평가하였다. 대표적인 것이 함대지 미사일 '칼리브르'였다.[47] 실제로 필자가 러시아 제병협동대학에서 유학시절 교관 중 한 명(계급-대령)이 시리아전 연구를 위해 파견되었다. 하지만 보병전투차량으로 이동 중 무장 세력이 발사한 RPG-7에 탑승인원 전원이 사망하는 사고가 발생했다. 학교 위병소 현관에 사진과 꽃이 일주일 정도 놓여 있던 기억이 난다. 동료 교수들에게 질문하여 알게 된 사실이었다. 필자의 반에서 강의하지는 않았지만, 지나가면서 몇 번 마주친 기억이 있다. 당시에 수많은 러시아 군 장교들,

47 2021년 실전배치 되었다. 사거리 2,500km, 탄두 500kg, 500kt 급 핵탄두를 탑재 가능한 순항미사일.

특히 교관들이 시리아전을 연구하고 각종 무기체계의 효과를 검증한 것은 공공연한 일이었다.

러시아군은 현재도 세계 각종 분쟁 및 전쟁에 군사 고문단을 파견하거나 일부 전투부대를 운용하여 직·간접적으로 전투실험을 하고 있다. 이를 통해 전술과 무기체계를 발전시키고 있다. 한국전쟁 때 북한군은 모택동의 동의와 스탈린의 승인으로 기습 남침을 단행했다. 그 이전부터 이미 북한지역에는 러시아 군사 고문단이 북한군을 조직하고 있었다. 소련군 장교 출신 김일성은 소련 전술과 군 조직을 거부감 없이 수용하였다. 독소전쟁(러시아인들에게는 대조국전쟁)의 최신형 전차 T-34를 지원 받아 제대로 된 장비 하나 없던 남한을 침략하였다.

베트남전에서도 그렇다. 베트콩에게는 미군의 항공기와 헬기가 비대칭전의 대표적인 무기체계였다. 이 당시에도 소련 공군은 전투기와 조종사, 대공포(고사총)를 베트콩에게 지원하여 미군 조종사들을 긴장시켰다.

아프가니스탄, 체첸전에서도 계속된다. 소수의 게릴라 부대와 전투를 수행하기 위해 무기체계를 지속적으로 발전시켜나갔다. 이 전쟁에서는 특히 대규모 공중강습작전과 공병 및 화생방 구분대, 습격대로 지상공격을 병행하여 무장 세력을 소탕(판지시르전투)하는 전술을 발전시켰다. 무기체계 분야에서는 보병전투차량(БМП / Боевая Машина Пехоты) 주포의 부앙각[48] 범위를 증가시켜

48 위 아래로 올리고 내릴 때 형성되는 포신의 각도

산악지역에서 효과적으로 화력을 운용할 수 있도록 개선하였다.

<아프간 전쟁 교훈을 반영한 보병전투차량 개선>

교훈 (새로운 위협)	개선 내용	БМП-1(Д)[49]		БМП-2(Д)	비고
• 휴대용 대전차포 • 대전차지뢰	• 장갑 보강	• 13T	➡	• 14.5T	• 중량 1. 5T 증가
• 산악지역에서 화력지원이 가능한 포신	• 부앙각 확대	• -4° ~ 30°	➡	• -5° ~ 74°	• 하향 -1°, 상향 +44°
• 적 부대 성격 변화 (전차→ 보병 게릴라)	• 주포 구경 감소	• 73mm	➡	• 30mm	• 사격 속도 및 대응사격 시간 단축

다음으로는 크림, 돈바스지역에서 러시아의 군사적 개입이다. 흔히 '러시아식 하이브리드전'이라고 여러 글에서 소개하고 있다. 통상 미국과 서방에서 이렇게 명명하고 있다. 하지만 전혀 새로운 것이 아님을 알 수 있다. 특수부대가 침투 후 주요 중요시설과 주요부대를 정찰하고, 작전지역에 허위사실을 퍼트리는 임무를 수행한다. 이 후 정밀유도무기와 드론, 때로는 무인공격기를 활용하여 수집된 표적에 공격을 가한다. 다음으로 기갑(전차) 및 기계화부대(장갑차)가 목표로 진격하여 중요지역을 확보하고 적 부대를

49 보병전투차량 중 공수군용으로 생산된 모델이다. 'Д'는 'Десант'의 약자로 "상륙, 양륙, 공중낙하부대"를 의미한다.

격멸한다. 새로운 무기체계를 기존 교리에 활용한 전형적인 공격 작전이다. 이것이 새로운 러시아식 '하이브리드전' 전술이라는 서방의 평가에 필자는 동의할 수 없다.

러시아 교관들과 대화해 보면 이들은 미국의 음모에 대해 상당히 긴 설명을 한다. 크림반도와 돈바스 지역에서 비정규군으로 위장한 러시아 특수전부대가 활동한 것도 미군의 작전을 모방한 것이라고 한다. 미군의 레인저부대와 다르지 않다는 것이다. 이들은 단지 크림합병 과정과 돈바스 전쟁에서 러시아 특수부대의 임무수행 능력 향상을 위해 훈련을 했을 뿐이라고 말한다. 앞으로의 전쟁에서도 대규모 지상군의 투입 이전에 침투한 특수부대가 교묘한 방법으로 본대의 작전 여건을 조성하기 위해 다양한 활동을 할 것이다.

미국이 전 세계 분쟁지역에서 '국제 경찰'의 자격으로 직·간접적으로 참전하고 있다. 이를 통해 전술과 무기체계를 발전시킴과 동시에 미 군수업체들의 요구도 충족시켜 왔다는 사실을 부정할 수 없을 것이다. 위에서 살펴본 바와 같이 소련과 러시아도 동일하다. 끊임없이 실전을 경험하고 싸우는 방법을 발전시켜나간다. 군인들도 생명을 담보로 한 소중한 전투경험을 통해 본질을 꿰뚫고 '실전적'이라는 것이 무엇인지 알고 군에 복무한다.

우리 군을 돌아보게 된다. 나를 포함한 우리군 간부 중 전투해 본 사람이 있을까? 없는 것이 우리나라에게 다행인 것일까? 전사를 통해, 과학화된 전투훈련을 통해 간접적 체험을 하여 '전투감각'을 익혀간다고 하지만 분명 그 한계는 있을 것이다. 세계 군사

강국들은, 적어도 그 나라 군인 일부는 세계의 각종 분쟁과 전쟁에서 실전 감각을 체득하여 전술과 무기체계를 발전시켜나가고 있다.

2021년 미군이 아프가니스탄에서 철군하였다. 아프가니스탄 대통령이 차량 4대에 현금을 가득 싣고 국가를 탈출하였다. 탈출용 항공기에 현금을 다 실을 수가 없어 일부는 공항에 두고 떠났다. 각국 대사관과 외국인들도 서둘러 자국으로 철수하였다. 제국의 무덤 아프가니스탄은 다시 탈레반 세력의 차지가 되었다. 러시아는 공관을 유지하고 철수하지 않았다. 아직 할 일이 남은 것일까? 러시아내에서 탈레반은 ISIS(이슬람 무장 단체)와는 달리 인접국가들에게 위협적이지 않다는 평가를 하고 있다. 하지만 러시아가 대외 위협 중 하나로 여기는 마약유통의 근원지인 아프가니스탄과 이를 수행하는 핵심세력인 탈레반이 장악한 지역에 남는다. 아프가니스탄에 대한 미련이 아직 남아있는 것인지 두고 볼 일이다.

제2장

러시아 군인

"멋의 본질은 '미(美)'적인 것이어야 하고,
비도덕적이어서는 안 된다."
- 멋의 본질과 군인의 멋, 이민수 -

이 세상에는 두 부류의 인간이 있다고 한다. 민간인과 군인이다.
군인도 똑같은 사람이다.
하지만 무력(합법적인 살인도구)을 다루는 사람이기에
더 높은 도덕성과 준법정신이 요구된다.

우크라이나에서 군인들의 실망스런 범죄행위에 대한 소식이 들려온다.
같은 군인으로서 다시금 군인의 본분을 생각하게 된다.

이 장에서는 보고, 듣고, 경험한 러시아 군인들을 소개한다.
비난도 미화도 없이 순수한 인간으로서 군인을 만났다.

---

1. 장군의 품격
2. 러시아 장교는 화가
3. 가구장이 국방장관
4. 군 생활도 성적순
5. 완장의 힘
6. 진급식
7. 군과 정교, 선택적 공생
8. 특별군사작전 지휘관

<1971년 러시아 영화 '장교(офицеры)'의 한 장면을 러시아 국방부 건물 인근에 동상으로 묘사해 놓았다. 한 가족이 대를 이어 장교로 근무하며 조국에 헌신하는 군인상을 제시하고 있는 영화다. "그런 직업이 있지. 조국을 수호하는…."이라는 유명한 대사를 남겼다.>

1

장군의 품격 (러시아 지상군 장군 3인 3색)

박학다식, 진중함 – 무기·장비 전문가 리즈빈스키 장군

러시아인에게서 '총화전진(總和前進)'[1]이라는 말을 듣게 될 줄이야….

2016년 러시아 지상군과 우리 육군과의 정례 정책회의에서 있었던 일이다. 이 회의 통역을 맡았었다. 당시 러시아 지상군 대표로 참석한 장비 부사령관 중장(투스타) 리즈빈스키 빅토르 블라지미르비치(Лизвинский Виктор Владимирович)가 육군 대표단에게 언급한 사항이다. 얼마 전 푸틴대통령이 박근혜 전 대통령에게 선물한 것이라 소개했다. 하지만, 우리 일행은 도무지 어떤 일을 두고 이야기 하는지 아무도 몰랐다.

1 '모두가 화합해 앞으로 나아가자.'

<선물 전달 사진[8]>

<리즈빈스키 장군(좌측)>

급하게 인터넷을 찾아보니 2016년 러시아 블라디보스토크에서 푸틴 대통령이 박근혜 전 대통령과 업무 오찬을 마친 뒤 특별한 선물을 전한 것이다. 푸틴 대통령은 당시 중국 항저우 G-20 정상회의에 참석을 앞두고 있었다. 그 선물은 바로 박정희 전 대통령이 타계했던 1979년에 직접 쓴 마지막 신년 휘호였다. 미술품 시장에 내놓은 것을 구입한 것으로 하나밖에 없는 진본이라고 러시아 측은 밝혔다. 이런 것까지 미리 준비했다니…. 러시아측은 회의 준비를 정말 많이 한 것 같았다. 하지만 이것은 시작일 뿐이었다.

역사, 문화, 철학 등 다양한 분야의 주제로 끊임없이 이야기가 줄줄 나온다. 러시아 군 장군이 되려면 약 200가지의 건배사를 준비해야 한다고 하며 술자리를 주도한다. 주최측은 우리 육군이고 장소도 홈그라운드인데, 감탄만 하고 있었다. '장군의 자격'을 다

시 생각해 보게 되었다.[2]

리즈빈스키 장군은 1959년 11월 8일 연해주 라좁스키지역 키에프카 마을에서 태어났다. 1982년 첼랴빈스크 군사자동차공업학교를 졸업하고 카프카스, 볼가-우랄군관구 등에서 우리 군으로 설명하자면 군수 병과에서 계속 근무하였다. 2009년에 지상군 장비 부사령관으로 임명되었다.

한국에 대한 관심이 남달랐다. 연해주 고향 마을에서 고려인과 함께 지냈다고 한다. 고려인은 모두가 근면, 성실하고 손 대는 것마다 뭐든지 잘 된다고 했다. 아무리 척박한 땅이라도 기어이 무엇이든 생산토록 만드는 '마법'이 있다고…. 어린 시절 맛본 김치의 맛을 잊지 못해 한국에 오면 여러 김치를 주문해서 맛본다고 한다.

2019년 서울-아덱스(SEOUL-ADEX)[3]에서 안내장교로 재회하였다. 아직도 그 직책에서 근무하고 있었다. 이번 한국 방문이 총 4회째고 전 세계 방위산업박람회마다 다닌다고 하였다. 러시아 지상군의 무기 및 장비 사령관으로서 벌써 4년째 근무하고 있는 셈이다.

변한 것이 없다. 호기심이 대단하다. 특히 자신의 전공인 차량과 전차 및 자주포에 관심이 많았다. 직접 내부에 들어가 보고 아주 자세히 살펴본다. K-9 자주포에 들어가서는 포신의 완충장치가 어떤지, 고각 사격은 어디까지 되는지 등 안내하는 간부도 어려운 질문을 하여 난처하기도 했다. KCTC(과학화전투훈련단)에 방

---

2 사진 출처(푸틴 투데이) : https://www.putin-today.ru/archives/32720
3 서울 국제 항공우주 및 방위산업 전시회

문해서는 우리나라가 개발한 마일즈장비(레이저 기반 교전 시스템)를 도입할 수 있는지 물어보았다. 당시 러시아는 독일식 마일즈 장비를 도입하려고 하였으나 2014년 우크라이나 사태로(크림반도 병합) 경제제재를 받게 되어 지연되고 있었던 것이다. 세계 2대 군사강국에게 우리 장비를 수출할 수도 있다니 우리 K-방산의 저력을 실감했다.

<환영 만찬에서>

<전차 관람(K-2 전차)>

카리스마, 다혈질 - 지상군 사령관, 기갑장교 샬류코프 장군

눈매가 심상치 않다. 통역을 하면서 가장 힘들었던 사람 중에서도 최고였다. 입 안에서만 말을 하고 입 밖으로는 나오지 않는다. 도무지 무슨 말을 하는지 알아듣기 어려운 사람, 바로 러시아 지상군 사령관(대장, 4성 장군[4]) 알렉 레오니도비치 샬류코프(Олег Леонидович Салюков)다.

<샬류코프 장군>

<과학화전투훈련단(KCTC) 방문>

2019년 가을 러시아 지상군과 우리나라 육군 간 고위급 회담이 있었다. 만났던 러시아 장군들이 몇 안 되긴 하지만 샬류코프 장군은 성격이 매우 직설적이고 다혈질적이었다. 방한기간 동안 몇 번이나 화를 참지 못했다. 첫 번째는 러시아 측 통역장교 중위 일리아가 중간에 퇴장 당한 일이었다. 말도 못하는 통역을 왜 데리고 왔느냐고 수행하는 장군에게 호통을 쳤다. 다음 날 바로 주한 러시아 대사의 통역사[5]가 투입되었다. 지상군 사령관의 파워를 대략 짐작할 수 있었다. 두 번째는 만찬장에서 일어난 일이다. 환영 현

4 러시아군 4성 장군은 별 넷이 아니라 큰 별 하나다.

5 한국에 정착하여 다양한 방송에도 출연하고 있는 유명한 여성이다.

수막에 새겨진 샬류코프 대장 사진에 계급이 '상장(3성 장군)'이었다. 예전 사진이었던 것이다. 그냥 자기들끼리 넘어갈 만도 한데, 잘못되었다고 지적하였다. 당시 행사를 주관했던 지휘관에게는 보고되지 않았지만 외교적 결례였다. 당시에도 러시아 측 수행원은 장군의 질책에 안절부절못했다.

그는 기갑장교로서 러시아 군 각급 제대에서 '작전' 분야에 근무했다. 우리군은 보병이 다수인 반면, 러시아는 기갑장교들이 주류이다. 통상 우리도 기갑장교라고 하면 전차의 '충격력, 화력, 기동력' 등과 동일시하여 추진력이 좋은 사람, 성격이 직설적인 사람 등으로 생각한다. 러시아도 그런 것 같다. 계속 '직진'이다. 통역하면서 안내하는 동안 수행원들이 불쌍했다. 매번 따라 나온 대사관 무관들도 개인적으로 이야기 하면 '대단한 사람'이라고 일종의 '뒷담'까지 하게 되었다. 특유의 투박함과 진솔함, 그 이면의 다혈질….아직 러시아 지상군 사령관으로 재직하고 있으니 또 언제 만날지 모르는 사람이다.

허심탄회, 소탈함 - 지휘참모대학 참모장

"학생 뭘 그리 열심히 쓰고 있나요?" 필자는 지휘참모대학 전투지휘훈련 중 군 사령관 역할을 맡아 작전계획 브리핑을 앞두고 열심히 준비하고 있었다. 좀처럼 보기 힘들었던 참모장 파시치닉 장군이 옆에서 내 노트를 보고 있었다. 나름 브리핑을 편하게 하기 위해 표를 만들어서 정리한 것을 암기하고 있었다.

“이렇게 훌륭한 장교가 있다니!” “외국 학생들도 이렇게 공부하고 있다는 것을 러시아 장교들도 좀 배워야겠어요.”

수행하던 참모들이 내 노트를 가져갔다. 훈육관이 전해 주었다. 파시치닉 장군은 내 노트를 복사해서 러시아 장교들에게 나눠 주라고 지시했단다. 정말 별 것 아닌 일인데 이 사건으로 인해 나는 학교의 유명 인사가 되었다. 외국 학생들을 ‘소 닭 보듯’ 하는 러시아 장교들이 나를 보려고 한 번씩 기웃거리고 교관들도 인사를 한다. 아무튼 전술도 그렇고 인생도 그렇다. 결정적인 시간과 장소에서 반드시 호기와 행운은 찾아오기 마련이다.

<파시치닉 장군>

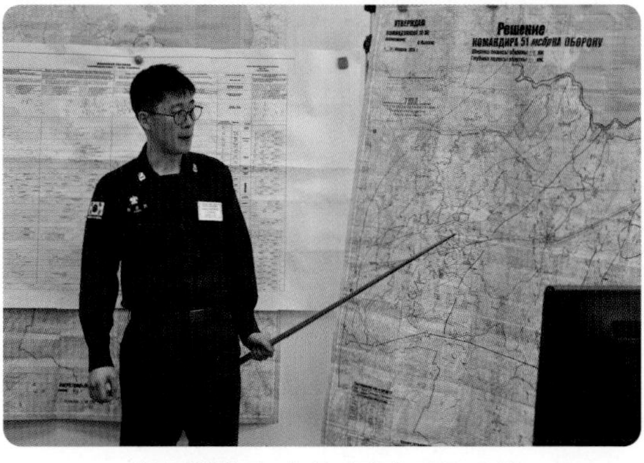

<전투지휘훈련 간 군사령관 임무 수행>

파시치닉 장군은 군사학 박사로서 전술에 조예가 깊고 특히, 전투지휘훈련 분야에서 뛰어나다는 평가를 받는다고 한다. 최근 몇 년간은 대규모 전략적 기동훈련 전, 간부교육(주요 지휘관)을 진행하고 있고 창의적인 전투수행과 주도권 장악에 대해서 깊게 연구 중임을 언론을 통해서 알게 되었다.[6]

"차 좀 같이 탑시다." 모스크바 외곽 야외 훈련 출발 시간에 늦었다. 그래서 택시를 타고 학교 버스를 중간에 겨우 따라 잡아서 갈아탈 참이었다. 허겁지겁 낡은 소형 버스에 올라타려는데 전부 러시아 군인들이 앉아 있었다. 대략 15대의 차량이 이동하고 있었는데 정작 내가 타야 할 학생 버스는 가버리고 말았다. 대략 난감하여 다시 내려야 하나 고민하던 찰라,

"타세요. 학생 차량은 이미 떠났어요. 내 자리 옆이 비었으니 앉으세요." 이게 누구인가? 파시치닉 장군이었다. 장군이 왜 별도의 지휘차량을 두고 버스로 가는지 의문이었다. 우리나라 60년~70년대에나 볼 수 있는 버스를 타고 말이다.

"장군님의 차량은 없어요?" 넌지시 물어보았다.

"목적지가 같은데 왜 낭비를 합니까? 같이 가면 되지요."

옆자리에 앉아서 이런저런 이야기를 하며 훈련장에 무사히 도착했다. 훈육관은 내가 오고 있는지 노심초사하고 있었는데, 파시치닉 장군과 함께 내려오는 것을 보고 놀라는 눈치다.

---

6 "지휘참모훈련 – 전투에서 주도권 장악과 창의력 발휘 교육", 세르게이 파시치닉, 즈베즈다, 2019.11.18.(https://zvezdaweekly.ru/news/20191024123-U3JJ8.html?ysclid=lk368djczg253310870)

파시치닉 장군은 러시아 군의 약점을 숨기지 않았다. 노후화된 장비며, 치장된 물자의 처리 문제며 군 내부 부조리 등 허심탄회하게 이야기한다. 강의시간에 교관들에게 질문하면 러시아 군은 천하무적, 세계 제 1 군사 대국임을 강조하곤 했는데 그는 이들과 좀 달랐다. 어떤 이유인지는 몰라도 필자에게는 여러 진솔한 이야기를 해 주었던 기억이 난다. 그리고 격식이나 의전 같은 것에도 소탈하다. 외모로 보기에는 날카롭고 차갑게 느껴질 수 도 있지만 내가 경험했던 나름 '착한' 장군 이었다.

<야외 훈련장에서[7]>

---

7 사진 속 인물 소개 : 왼쪽으로부터, 콩고 장교, 필자, 파시치닉 장군, 남오세아티아 장교.

<끝없이 펼쳐진 모스크바 평원에서>

2

러시아 군 장교는 화가(디지로그[8] 군대)

전투에서 신속한 상황(정보)공유, 지휘 및 결심의 핵심은 C4I체계이다.[9] 세계 각 군에서도 자국의 C4I 체계를 개발 및 발전시켜왔고, 군인들은 또 하나의 '무기'로서 그 사용 능력을 강조하고 있다. 특히 각 제대별로 작전상황도를 공유함으로써 상·하·인접 부대와 작전계획 수립 및 공유에 효율성을 극대화시켰다. 이제는 지도에 아스테이지(투명한 비닐)를 올려놓고 작전계획을 도식하는 수고도 사라져간다. C4I체계를 이용하여 지도를 불러오고 각종 통제수단(군대부호)을 문서편집 프로그램처럼 손쉽게 작성할 수 있

8 디지로그(Digilog, 디지털+아날로그)는 아날로그 사회에서 디지털로 이행하는 과도기, 혹은 디지털 기반과 아날로그 정서가 융합하는 시대의 흐름을 나타내는 용어(디지로그 선언, 이어령, 생각의 나무, 2006년).

9 지휘(Command)·통제(Control)·통신(Communication)·컴퓨터(Computer)·정보(Intelligence)의 앞 글자를 따서 만든 용어.

기 때문이다. 그래서 교육기관에서 전술교육을 받을 때를 제외하고는 직접 작전계획을 도식하는 경우가 드물어 졌다.

컴퓨터로 작전계획을 도식하는 것과 수기로 작성하는 것의 장단점이 있다. 가장 바람직한 모습은 두 가지 방법을 다 능숙히 사용하는 것이다. 전시 상황은 불확실성이 크기 때문에 통신 단절과 장비파손에 대비한 수기 작성 능력도 필요하다.

러시아군 역시 자국의 C4I 체계를 보유하고 독자적인 위성항법시스템(글로나스)까지 운용하고 있다. 하지만 이와 병행하여 수기로 작성하는 능력 역시 상당히 강조하고 있다. 러시아 제병협동대학 교관은 우리군의 C4I체계 우수성을 언급하며 우발상황에는 어떻게 할 것인지 고민할 필요가 있다고 지적했다. 한국군의 독자적인 항법시스템 없이 C4I체계에 의존하는 것은 상당히 위험할 수 있다는 것이다. 앞에서도 언급했듯이 통신 또는 GPS 수신이 단절된 전투상황에서 상·하·인접제대간의 협조는 어떻게 할 것인가를 항상 염두에 두어야 한다. 전령을 보낼 수도 있고, 유선으로 할 수도 있다. 하지만 명령을 하달하는 경우 기본적으로 도식(그림)과 서식(글 - 명령)으로 전해질 때 정확히 그 내용을 이해할 가능성이 높다. 따라서 우리 군이 다소 소홀해 질 수 있는 작전계획 수기작성 능력은 지속적으로 유지시킬 필요가 있다.

러시아어로 도식한다는 것은 'рисовать' 즉, '그림을 그리다'의 뜻을 가진 동사를 쓰지 않는다. 'нанести' 를 쓴다. 지도에 '○○를 표시하다'의 뜻을 '가져다 넣다 또는 옮기다' 의 의미를 가진 동사를 사용한다. 화가가 그림을 그린다는 것도 'написать' 한다고 표현한다. 이 말은 일반적 그림이 아닌, 전문가가 그리는 행위를 고상하게 표현한 것이라 생각한다. 지도에 작전계획을 도식하는 것도 '그리는 행위'는 같지만 '군인'의 전문성이 요구되는 활동이라 다른 동사를 사용한 것이다.

러시아 군에서는 아스테이지를 지도위에 얹어 놓고 작전계획을 작성하지 않는다. 바로 지도위에 다양한 모양자를 사용하여 직접 표시한다. 모양자의 종류도 상당히 다양하다. 이들이 사용하는 '모양자'가 흥미롭다. 중국군 장교들이 자국에서 생산된 군용 모양자를 판매하는데 인기가 좋다. 현지 시세는 정확치 않으나, 우리나라 돈 약 3만 원 정도로 타국 장교들에게 판매했던 것 같다. 러시아군 교관도 이를 은연중에 요구하기도 하였다. 거의 모든 전술 부호, 부대 부호를 도식할 수 있다.[10]

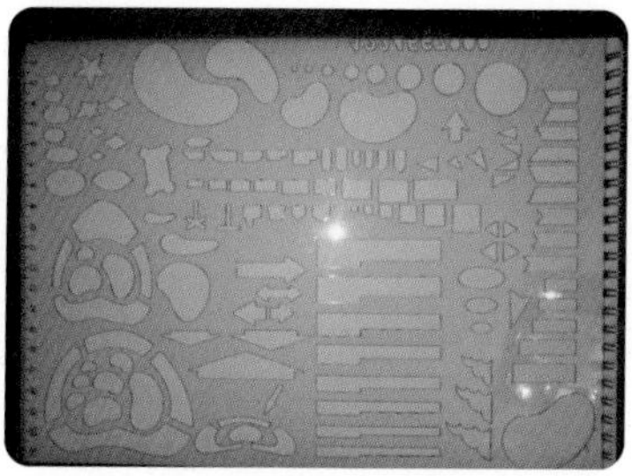
군용 모양자(종합)

행군계획 작성에 특화된 군용 모양자

10 아래 모양자 형상은 러시아 온라인 매장에서 가져온 것이다. 온라인 판매 가격은 500루블~600루블, 한화로 약 만원~만 오천원 정도 하나, 중국군 유학생이 본토에서 가져온 것을 직접 팔 때는 두 배로 올려서 판다(https://chicrimea.ru/product/linejka-marshevaya/).

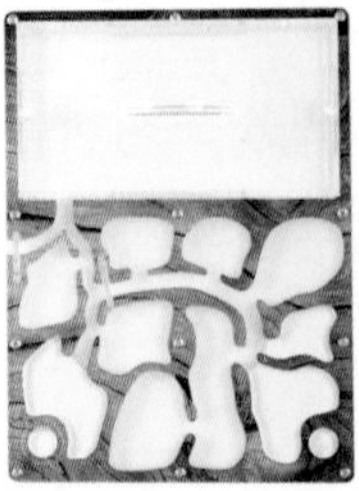

방어 진지 작성에
용이한 군용 모양자

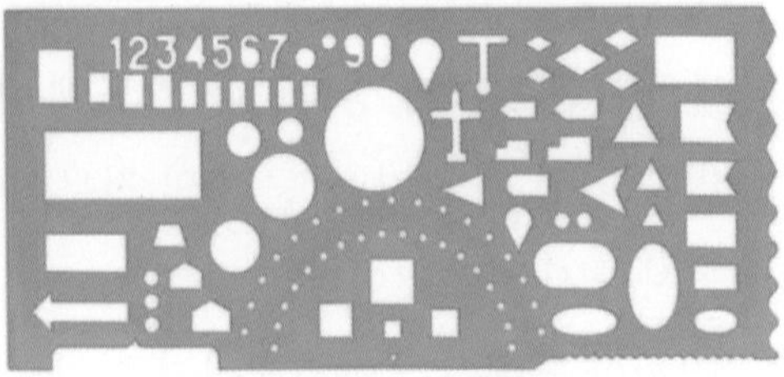

군용 모양자(기본)

<모양자 종류>

위 사진에서 중국산과 러시아산을 구분할 수 있는가? 딱 봐도 답이 명확하다. 오른쪽 연두색이 러시아의 보급용 장교 모양자이고 나머지는 중국 장교들이 사용하는 모양자이다. 중국을 포함한 구 공산권 국가에게 군사학을 전수한 것은 러시아인데, '군용 모양자' 는 역으로 전수 받는 것이 아이러니하다. 역시 중국은 모든 분야에서 전 세계의 공장이다.

작전 계획을 지도에 바로 작성하기에 앞서 연필로 스케치하고 수성펜으로 최종 작성 후 스케치한 것을 지워버린다. 또한 음영도 주게 되는데, 예술작품 버금가는 수준이다. 러시아 장교단의 기본 중의 기본이 바로 작전계획을 지도에 도식하는 능력이다.

살아서 움직인다. 글자 크기, 색, 음영 등 모든 의미가 다 있다. 그 중에서 적색, 청색을 언급해 보면 우리 군과 반대이다. 아군은 적색, 적군은 청색이다. 러시아는 붉은색을 '아름다운'이라는 형용사로 쓴다. '붉다'의 뜻도 있다. 아마도 러시아 내전에서 적군이 백군에 대해 승리하여 이러한 의미를 부여한 것 같다. 중국, 베트남, 몽골 및 아프리카 국가들 중 몇 몇은 러시아 전술을 받아들여 붉은

색을 아군으로 표시한다. 참고로 녹색으로 표시된 것은 기만하기 위한 진지, 장애물 등을 의미한다.

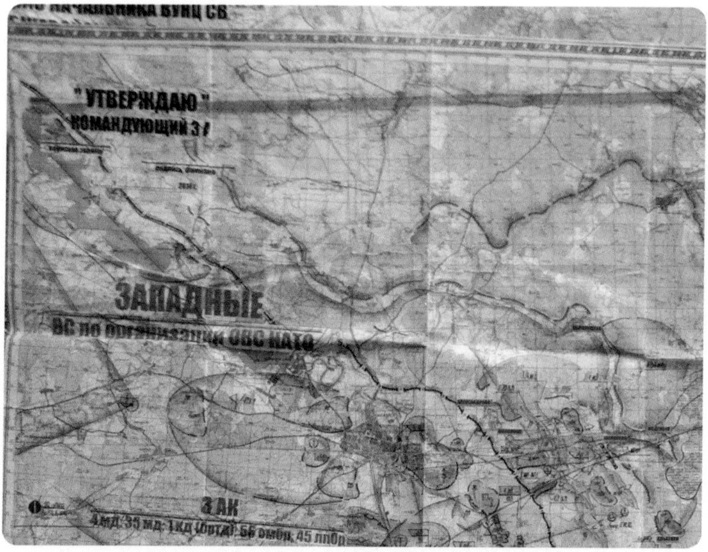

<여단 방어작전 계획(지도에 직접 색연필로 작성)>

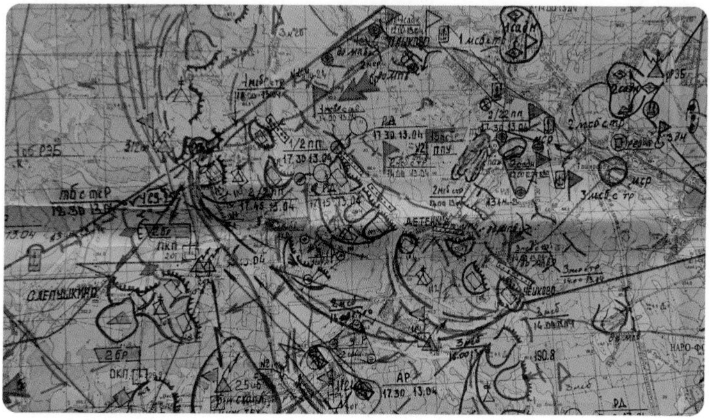

<작전계획 확대(색, 모양, 크기, 글자 전체가 고유의 의미를 가진다.)>

작전계획은 총 2부를 작성한다. 즉, 똑같은 지도 두 장이 필요하다. 한 부는 작전에 활용하고 또 한 부는 보관한다. 왜 보관할까? 이는 작전 성패에 대해 지휘관의 책임 소재를 명확히 하기 위함이다. 특히, 작전에 실패했을 경우, 지휘관은 작전계획 수립의 과오에 대한 책임을 져야 한다. 러시아군은 정치군관이 편제되어 있었다. 이들이 바로 지휘관과 간부들의 사상을 검증하고 전시에 작전계획 수립의 과오에 대해서 점검하여 처벌을 건의한다.

공격작전계획은 중대까지만 하달한다. 그것도 작전 실시가 임박하여(통상 1~2일) 통보한다. 중대장 등 일부 지휘관 또는 지휘자만 작전 계획을 알게되는 것이다. 작전준비 여건보다는 기습과 작전보안에 우선을 두는 조치라 할 수 있다. 우크라이나에서 작전중 낙오한 러시아 병사들을 취재한 기사가 보도된 적이 있다. 그 병사는 이곳이 우크라이나인지, 어떤 상황인지 전혀 모르고 있었다는 것이다. 표면적으로는 러시아 군의 명령하달 체계가 엉망이라고 생각할 수 있지만, 그 내면을 들여다보면 어느 정도 이해할 수 있다.

러시아에서 수기로 작전계획을 작성하는 것은 장교단(전투참모단)의 필수 능력이다. 그 수준은 '예술적' 수준이라 할 수 있다. '저렇게 시간과 열정을 쓸 필요가 있을까?'라는 생각이 들지만, 작성한 결과물을 보면 작전계획을 이 짧은 시간에 명확히 머릿속에서 살아 움직임을 느낄 수 있다.

여전히 C4I체계의 활용 능력은 중요하다. 하지만 C4I체계를 더 잘 사용하기 위해서도 수기 작성 능력은 필수이며 유사시 이를 통해 작전을 지휘할 수 있도록 상시 준비해야 함은 어느 누구도 부정할 수 없는 사실이다. 우리군의 C4I 체계를 이용하는 수준에 비해 수기작성 능력이 점점 더 낮아지는 경향이 다소 우려스럽기도 하다.

3

가구장이 국방장관
(누가 러시아 군을 망쳐 놓았는가?)

러시아-우크라이나 전쟁이 1년도 넘게 지속되고 있다. 세계 각국이 러시아를 침략자라고 규정하고 각종 제재를 가하며, 러시아 또한 원유, 가스, 곡물 등 자원을 무기화하고 핵전쟁까지도 불사하겠다는 의사를 내비치는 등 맹렬히 반격 중이다.

군사작전 분야에서는 온통 러시아군의 고전을 경쟁적으로 보도하고 있다. 출처에 대한 신뢰도를 떠나 조기 작전 종결을 예상했던 러시아 군의 전투수행능력이 신통치 않음은 의심할 여지가 없는 것 같다. 또한 군의 사기도 바닥을 치고 있는 정황들을 목격하고 있다. 세계 제 2의 군사강국(무기 및 장비 측면)이자 전술분야[11]에서도 획기적인 개념을 발전시킨 러시아가 이렇게 무력할 줄이야….

---

11 작전술 개념을 최초로 발전, 작전기동군(OMG)의 운용 정립 등 현대 지상군 전술의 큰 축을 세웠던 군사이론 강국이기도 하다.

도대체 누가 러시아 군을 이런 상태로 만들어 놓았을까?

러시아 군 자체의 고전 원인 외에 외부적인 요인도 분명히 있다. 미국과 NATO 회원국의 무기와 장비 지원, 미국 및 서방의 특수부대 지원(러시아측 주장), 그리고 국제적 여론 등도 상당부분 영향을 미칠 수 있다. 하지만, 필자는 '인적'요인에서 그 원인을 찾고 싶다. 바로 '가구장이' 세르쥬코프를 국방장관으로 임명한 것이 문제였다.

도대체 그는 누구인가? 구소련 붕괴 후 첫 민간 국방장관으로 임명(2007년)되어 국방개혁을 '적극적'으로 추진, 일부 성과도 있었으나, 군 현실과 처한 안보상황을 간과한 개혁과 국방부 재산(특히, 부동산) 횡령으로 경질되어 현재는 실패한 인사로 평가되고 있는 인물이다.

앉아서도 경례(세르쥬코프[12])

- '84년 ~ '85년 : 통신대대 운전병 근무
- '85년 ~ '00년 : 페테르부르크 가구회사 사장 역임
- '00년 ~ '04년 : 페테르부르크, 모스크바 국세청장 역임(푸틴 대통령 재임 시작)
- '04년 7월 ~ '07년 2월 : 러시아 연방 국세청장
- '07년 2월 ~ '12년 11월 : 국방부 장관
- '15년 12월 : 러시아 헬기 홀딩스 대표 위원회 위원 임명
- '17년 12월~ : 로스 베르딸룟
(국영 헬기 생산 회사)회장단 위원회 위원

주요 경력

12 사진 출처: https://topwar.ru/7180-serdyukovu-prochat-sudbu-kudrina.html

아나톨리(이름) 에두아르도비치(부칭) 세르쥬코프(성)[13]는 1962년 1월 8일, 크라스노다르 주에서 출생했고, 뻬쩨르부르크 국립대를 졸업하였다. 전직 대통령 및 총리를 역임했던 현 실세 푸틴과 메드베제프의 동문이다.

갑자기 국방장관에 발탁된 것에 대해서는 의견이 분분하다. 거대한 군 조직 개혁을 위해 경제·재정분야 전문가가 필요해서 임명했다고 현 대통령 푸틴이 밝혔지만, 임명 배경을 두고 국내 언론은 푸틴 대통령의 지배 세력 확장을 위한 결정이라 비판이 난무했다. 전형적인 '학연'이었던 것이다.

군 내부 인사들과 군 원로들은 군 경력도 전무한 일개 가구회사 사장이, 현 권력에 줄을 잘 서서 임명된 '낙하산' 인사라 주장했다. 이 주장에 일리가 있는 것이 세르쥬코프가 공직(국세청장)에 진출한 시점이 바로, 푸틴이 대통령 직책을 시작한 때와 일치한다는 것이다.

이런 비판을 받고 있는 그에게 치명적이자, 러시아 군에 큰 전환점이 된 사건이 2008년 8월 8일에 일어났다. 바로 러시아-그루지아 전쟁[14]이다. 어찌어찌하여 남오세아티야[15]를 침공한 그루지

13 러시아인의 이름은 세 부분으로 나누어져 있다. 순서대로 이름, 부칭, 성이다. 이 중 부칭은 아버지의 이름에서 따온 것이다(아버지의 이름을 알 수 있다). 서로 친근하면 이름을 부른다. 공적 자리에서는 경어 또는 존경의 의미로 이름과 부칭을 부르기도 한다.

14 4일 만에 종결되었다. 당시 그루지아는 미국과 나토의 지원을 믿고 분리독립을 주장하는 남오세아티야를 침공하였다. 러시아는 그루지아의 나토 가입 문제와 남오세아티야에 있는 러시아 자국민 보호를 명분으로 군사력을 투입하였다. 14년 전 러시아-그루지아 전쟁의 제 2탄이 러시아-우크라이나 전쟁일 것이다.

15 러시아 혁명으로 오세아티야는 남, 북으로 나눠져 북오세아티야는 러시

아를 몰아내고 전쟁에서 승리하였지만, 군 내부에서는 군사대비 태세에 심각한 문제점이 대두되었다. 특히, 군 수뇌부의 전쟁지도 능력은 임무수행 '불가' 수준이었다.

2008년 8월 8일은 베이징 올림픽 개회식이 있었던 날이다. 당시 푸틴은 총리로서 개회식 참석을 위해 중국에 가 있었고, 메드베제프 대통령은 휴가중이었다. 그루지아는 바로 이 시간을 노렸던 것 같다. 남부군관구 사령관은 그루지아 군의 이상 동향을 보고하였으나 국방장관 세르쥬코프는 무슨 이유인지 10시간 가량 통화가 연결되지 않았다. 군 내 서열 1위 총참모장 니콜라이 마카로프[16]는 남부 군관구 사령관에게 작전지도를 일임하고 제 역할을 하지 못했다. 남오세아티야와 그루지아 지역에서의 분쟁이 당시 그루지아를 지원하고 있던 미국과의 전쟁으로 확전될 위험도 배제하지 못하는 상황에서 뒷짐을 지고 빠지는 것은 심각한 직무유기다.

그루지아가 예상보다 빨리 남오세아티야의 수도(치힌발)로 진격하자 다급해진 총 참모장은 현재 총참모부 작전 부장이 공석이라, 전 총참모부 작전부장(전역, 알렉산드르 룩신)에게 지휘를 요청

아에, 남오세아티아는 그루지아에 속하게 되었다. 남오세아티야는 자치주로서 그루지아인들에게 차별과 핍박을 받게 되었다. 그래서 2008년 남오세아티아가 분리 독립을 주장하자 그루지아가 전쟁을 일으키게 된다. 하지만, 러시아가 개입하면서 그루지아는 철군하게 되고 러시아는 남오세아티야의 분리 독립을 지지하게 된다.

16 러시아 지참대 교수들과 마카로프 장군에 대해서 이야기 한 적이 있다. 전형적인 정치 군인이자 행정가로서 전술과 작전지도에는 부족한 사람이라는 평가가 대부분이었다.

하기까지 이르렀다. 룩신은 당연히 거절 하였고, 이후 뒤늦게 국방 장관도 부탁(?)을 하였으나 이 또한 전 작전부장을 돌이키기에 부족했다. 가까스로 푸틴이 등장하여 알렉산드르 룩신, 전 작전부장은 전투지휘에 동의하고 군사작전을 지휘했다.[17] 이보다 더 지휘부의 총체적 무능을 이야기 할 수 있는 사례가 있을까? 하지만, 이러한 과오에도 불구하고 세르쥬코프 장관은 자리를 지켰다. 러시아는 이 때 한 번의 기회를 놓치게 된다.

<세르쥬코프 장관의 국방개혁 주요 내용>

구분	주요 내용
지휘시스템 슬림화	• 군관구 축소 : 6개 → 4개 작전-전략사령부(서부, 남부, 중앙, 동부) • 전 군종 및 병종이 전략사령부로 편입, 지휘체계 일원화 (통합형 군대) • 여단시스템 도입(사단, 연대 폐지 / 지휘제대 : 대대 - 여단 - 작전사령부)
인원 감축	• 100만에서 80만 명. 특히 장교와 준사관 계층 감축
교육기관 통·폐합	• 전 군 65개 교육기관을 10개로 통합(교육기관과 군 학술연구센터 통합)
군수지원	• 아웃소싱(청소, 시설관리, 장비 정비, 수송, 보급, 식당운영 등)

17 "그루지아가 치힌발을 공격했을 때 세르쥬코프는 어디에 있었나?", 렌프라브다, 2008.9.11.(http://www.lenpravda.ru/digest/federal/270435.html)
* 치힌발: 남오세아티아의 수도

그는 경제전문가의 관점으로 지금까지와는 다른 국방개혁[18]을 추진하였고 주요 내용은 다음과 같다. 지휘시스템(부대구조)의 슬림화, 무기체계 개량 및 현대화를 위한 재원 마련이 세르쥬코프 장관의 주된 개혁 목표였다.

다양한 분야에서 개혁을 추진했지만 여기서는 위 표에서 언급된 내용 위주로 현재 러시아군을 무너뜨린 주요 과오를 분석하고자 한다.

먼저 지휘시스템(군 구조) 개혁 분야다. 기존에는 연대-사단-군단-야전군-군관구 순으로 총 4단계 지휘체계였다면 대대-여단-작전사령부로 2단계를 축소하였다. 지휘계통을 단순화하여 신속한 지휘가 가능토록 한 것이다. 또한, 여단은 둔중한 사단보다 작전 투입과 철수가 용이하다. 즉, 반응이 빠르다는 것이다. 이는 미군의 '스트라이크' 여단을 벤치마킹한 것이다. 분쟁지역에 신속히 투입되어 조기에 작전을 종료시키거나 본대의 작전 여건을 조성하기 위해 운용된다. 전통적인 전쟁형태인 전면전 보다는 국지전의 위협이 증대된 현실을 고려한 것이다.

하지만, 러시아의 작전환경에서 원정군의 일원으로 장거리 전력투사를 해야 하는 소요보다 서부 국경을 지키는 것이 더 당면한 위협에 타당할 것이다. 즉, 대대-연대-사단 시스템에서의 강점인 안정적인 임무수행과 추가적인 전력할당 없이도 독립작전을

18 2008년 그루지아(조지아)와의 분쟁 시 식별된 문제점이 국방개혁으로 이어짐(2008년 10월 14일 부 개혁 단행)

수행할 수 있는 구조를 너무나도 쉽게 무너뜨린 것이다. 러시아에는 신속대응군 개념의 공수군도 있고, 독립 여단도 존재하여 신속한 전력투사가 필요한 부분에는 충분히 운용할 수 있는 상태였다. 하지만 부대 통·폐합에 따른 부지 확보, 인력 감축 및 각종 지원시설 절약 등의 경제적 논리로 충분한 대비책 없이 일괄적으로 사단을 폐지하고 여단 시스템으로 전환한 것이 현 지휘시스템을 붕괴시켰다고 본다.

여단 구조로 전환되는 기본 조건이 100% 모병 병력으로 편제를 유지하고 노후화된 무기와 장비를 현대화하는 것이었으나 대부분의 여단에서 병력 보직률이 70% 미만이었고, 그마저도 징집된 병사가 대부분이었다. 앞뒤 고려 없이 졸속으로 추진하다 보니 추가적인 예산과 야전 부대의 혼란만 가중되었다.

그리고 야전군 편제를 없앤 것은 국가 동원체계 전체를 재편성해야 하는 문제였으나 그러한 고려 없이 해체하기에 바빴다. 전통적으로 러시아(소련)군은 방어 후 역습 전략을 고수해왔다. 그 중심이 바로 예비전력이었다. 특히 야전군은 일부 사단을 감편 또는 기간편성(평시에는 지휘부와 소규모 병력을 유지하는 것)하여 역습 전력으로 운용하는 전술을 유지해왔다. 우리군의 동원사단의 역할과 유사하다. 하지만 이러한 사단까지도 해체를 한 결과 서부 국경에서의 대규모 군사작전에 대비할 수 있는 예비대를 어떻게 충원할 것인지 대책이 없는 상태가 되어버렸다. 예비군을 동원하여 재조직 후 전선에 투입하기 위해서는 모체 부대와 기간요원이 편성되어야만 적시적인 지원이 가능하기 때문이다. 러시아는 여전히 서부 국경에서 나토와의 대규모 지상전 발발 가능성을 높게 판단하고 있다. 이러한 외부위협에 대한 인식과 판단의 변화 없이 무작정 군 구조를 변경하는 것 자체가 이해되지 않는 결정이었다.

두 번째는, 급격한 인원 감축이었다. 특히, 장교계급의 감축이 주로 이루어졌다. 4년 동안 33만 명에서 20만 명으로 10만 명 이상 전역조치가 되었다. 더구나 계급으로 보면 중-대령이 대부분을 차지하였으며 군사교육기관을 졸업하는 초임 소위들도 졸업과 동시에 전역 조치를 하였다고 하니 기간 내 목표한 감축 계획 달성이 시급했음을 짐작할 수 있다. 중-대령 계급이 전체 간부 비율에서 30% 이상을 차지하고 있었기 때문에 감축 효과가 클 것이며, 아직 임관하지 않은 후보생을 전역 조치하는 것이 경제적으로도 최소한의 비용(주택 제공 및 퇴직 비용 불필요)이 드는 것을 고려했을 것이다.

중견급 이상 장교들의 감축과 초급장교들 수급 문제는 차치하고라도 국방차관과 군종 및 병종 사령관 등 군 고위급 70%가 경질되었다는 것이 심각했다. 이들은 분명 급진적인 군 개혁에 반대한다는 이유 등으로 전역조치 된 것으로 판단된다. 이 결과 국방부 수뇌부 10명의 국방 차관 중 군 내부 인사는 2명뿐이었고 나머지는 민간인으로 채웠다. 군 내부 인사 중에서도 그 중 한 명은 총참모장 마카로프 장군이었다.[19] 더욱이 마카로프 장군은 임무수행기간이 2년 미만으로 러시아 군으로 치면 이제 막 시작하여 정

19 총참모장은 당연직 국방차관을 맡는다.

착해 가는 시기인 것이다. 대규모 군 지도부의 경질로 인해 군의 사기는 물론, 전투준비태세에 심각한 위협을 초래하였다. 독소전쟁 발발 전 스탈린의 군 고위급 제거와 흡사하다. 당시에도 스탈린은 권좌에 오르면서 수많은 정적들을 제거하였는데, 대부분이 쥬코프 장군을 비롯한 군 고위급이었다. 이로서 독소전쟁 초기 독일군의 공격에 이렇다 할 저항도 못한 채 무너져 버린 역사를 잊은 것 같다. 어쩌면 10년이 지난 현재 우크라이나에서 고전을 하고 있는 원인도 당시 인사 참사에 따른 지도부의 공백과 연관이 없지 않을 것이다.

당시 지도부의 대규모 전역 조치로, 장군과 대령 직책에 세르쥬코프 장관의 측근(국세청 인맥)이 주로 보직되었다고 한다. 여기에는 비교적 젊은 여성들도 많이 포함되어 있었는데, 이들은 군대의 '군'자도 모르는 그저 재정-경제 분야의 전문가들이었다. 그래서 이들은 군인을 '녹색 인간(желенный человек)'으로 불렀다고 한다. 사회에서는 세르쥬코프 인사들을 통틀어 '녹색인간 사냥꾼'(охотник на желенного человека)이라 비웃었다고 하니 당시 군인들이 겪었던 모욕과 군을 바라보는 국민의 인식이 어떠했는지를 짐작할 수 있다.

세 번째로는 군 교육기관의 통합 문제였다. 군 교육도 백년대계(百年大計)로서 소홀히 해서는 안 된다. 수치적으로 65개 기관을 10개로 통합했다는 것이 문제가 아니다. 과연 현 군대를 이끌어 갈 인재를 적시적으로 양성하고 각종 연구 활동을 통해 무기체계 개발과 이를 전장에서 활용하는 전술 발전을 견인할 수 있는 능력을 향상시키는 임무를 고려해야 한다는 것이다.

군 개혁이 얼마나 졸속이었는지 그 사례만 수십 가지이다. 군 구조 개편으로 항공-우주방어 부대를 창설시켜 놓고는 이 기관에 근무할 전문가를 양성하는 대학은 해체시켜 필요로 하는 인력을 적시에 보충할 수 없었다. 항공-우주방어 분야 세계유일의 쥬코프 항공-우주방어 대학(모스크바 북서쪽 160km 떨어진 도시 트베리에 위치)을 해체하고 모자이스크 군사우주대학으로 통·폐합시켰다.[20] 거기에는 교육기반 시설도 교육을 담당할 전문가도 전무한 곳이었다. 창설에 필요한 인력만 7만 명이라 공표하면서 이를 교육할 기관을 축소하여 통합시킨 것이 이해가 되지 않는다. 부대는 창설되었다. 그런데 인력은 없었다. 급기야 병력 감축으로 강제 전역된 예비역 장교들을 2년 만에 다시 불러들이게 된다. 이뿐만 아니다. 화생방대학 해프닝도 있다. 모스크바에서 코스트로마(모스크바에서 340km 떨어진 북쪽 도시)로 이전하였는데 교수진 187명 중 박사급 전문 교수 21명만이 학교의 이전과 함께했다. 전문가 양성을 위한 교수진 이탈로 교육 자체가 불가능한 상태가 되어버렸다.

마지막으로 군수지원 기능의 아웃소싱 분야이다. 병영시설의 청소, 수리, 수송, 보급, 식당 운영 등 제반 기능을 민간에 위탁하는 것이었다. 하지만, 민간 업체들은 평시에만 지원하는 임무를 수행

---

20 세르쥬코프의 개혁에 따라 2010년에 해체가 결정되고 2012년에 모자이스크 군사우주대학으로 일부 기능이 편입되었으나 2013년 현 국방장관 쇼이구가 해체를 취소하고 존속을 결정했다.

하기 때문에 전시 작전지속지원 분야는 공백이 발생할 수밖에 없다. 전장에서 식사 준비와 고장 난 장비 정비, 그리고 유류 추진 등 전투를 하기 위한 필수적인 임무를 수행할 사람도, 숙련된 군인도 사라져 버렸다. 병력을 감축하면 뭐하는가? 국방부는 군수지원 분야에 20만 명 이상을 고용하였으니 병력 감축에 따른 예산 절감 효과가 얼마나 있었는지 의문이 생긴다.

러시아-우크라이나 전쟁에서 러시아 병사들이 굶주림에 탈영하고, 각종 장비들이 고장 난 상태로 도로에 방치되어 있으며 전차병들이 기름을 구하려 우크라이나 주유소를 약탈했다는 보도를 보면 군수지원 분야의 와해를 짐작할 수 있다.

결국, 세르쥬코프는 2012년 10월 횡령 혐의(약 600억 원, 군소유지 매각 등) 및 복잡한 개인사로 인해 2012년 11월 푸틴 대통령에 의해 해임되었다. 하지만 여전히 국방 분야(국영 방산업체)에서 경제전문가로 활동하고 있는 것을 보면 대단한 인맥임은 틀림없다. 하지만 푸틴 대통령은 5년간 무너진 국방 전반을 재건하기 위해 대통령 특별 지시[21]를 하달하게 된다. 2012년까지 성과 있는 국방개혁을 원했지만, 목표연도를 조정하여 2020년 까지 군 현대화와 군 복무 개선을 발표한 것이다.

서방에서 푸틴의 비자금 관련 기사를 자주 접하게 된다. 일부 언론은 이 비자금 중 일부는 군을 와해시킨 세르쥬코프로부터 충당되었을 것이라 확신하고 있다. 현 국방장관인 쇼이구도 세르쥬

---

21 러시아 대통령 지시 603호, 604호(러시아 대통령궁 홈페이지 공개문서)

코프의 만행을 공개적으로 비판하고 있지만, 여전히 고위직에서 국방관련 직책을 수행하고 있으니 현 러시아 정권에서 세르쥬코프의 위치를 가늠할 수 있다.

'인사가 만사'라는 말이 있다. 누군가 러시아군을 망친 사람이 누구인가 물어보면 필자는 한 치의 망설임 없이 대답할 수 있을 것 같다.

4

군 생활도 성적순
(국적을 초월한 장교들의 학구열)

제병협동대학교 내 명예의 전당에는 태극기와 인공기가 함께 게양되어 있다. 과거 1990년도까지는 북한 장교들이 이 학교에서 공부하였다고 한다. 그러다가 소련이 붕괴되면서 철수하였고, 이제 북한군 장교들을 볼 수 없게 되었다. 교관들의 말을 들어보면 북한군 장교들은 이미 러시아어를 상당한 수준으로 구사하고 있었고 소련군 전술에 있어서도 해박했다고 한다.

<명예의 전당, 태극기>

<명예의 전당, 북한 인공기>

구 공산권 국가에서 러시아 제병협동대학 성적은 차후 진출에 큰 영향을 미친다. 러시아, 중국, 몽골, 베트남 및 아프리카 국가들에는 일명 러시아 유학파 '라인'이 형성되어 있다고 한다. 북한에도 러시아 제병협동대학 인맥이 쿠데타를 모의하다가 일망타진되고 이 대학으로의 유학이 취소되었다는 이야기도 있다. 우리나라 군에서도 '독일 유학파(독일장교학교)' 논란이 있었던 것으로 기억한다. 어느 나라든 혈연, 지연 및 학연이 문제의 소지가 많다.

우리군 육군대학도 그렇다. 소령들의 필수교육과정인데 이들의 성적은 차후 군 생활에 적지 않은 영향을 미친다. '총명탕(한약)[22]', '육대(영양)주사[23]' 라는 말에서도 알 수 있듯이 정말 치열하다. 이 순간만큼은 '닥치고 공부'다. 러시아 군인들에게 육군대학이 바로 제병협동대학이다. 중·소령들의 학구열이 뜨겁다. 여기서 우수한 성적으로 졸업해야 다음 계급으로 진급이 쉽다. 그래도 저녁 7시 전 강의실에 불이 다 꺼져 있는 것을 보면 우리 육대만큼은 아닌가 싶기도 하다.

구 공산권 국가에서 유학 온 장교들 중에는 기를 쓰고 공부하는 학생들이 많다. 하지만, 언어적 장벽을 먼저 넘어야 그 다음 군사 지식 탐구의 문으로 들어갈 수 있기에 상황은 녹록치 않다. 국

---

22 입교 전부터 두뇌 활동과 건강에 좋은 한약을 복용한다.

23 육군대학 인근에 모 내과 의원이 있다. 학생장교 중 몸이 좋지 않아 병원을 방문하면 증상을 묻기 전에 공부에 의지가 있는지 여부를 먼저 물어 본다고 한다. "의지 있어?" 라는 의사선생님 질문에 그렇다고 하는 사람들에게는 주사 두 대를, 없다고 하는 이들에게는 한 대를 처방한다는 소문(믿거나 말거나)이 있었다.

가별로 견제가 있을 뿐 아니라, 유학생이 많은 나라는 자기들끼리도 얼굴을 붉히는 일이 많았다. 같은 반에 몽골 장교가 4명 있었는데 주먹다짐까지 하는 것을 보기도 하였다. 몽골군 육군과 국경수비대의 2대 2 대결이 우리 반 분위기를 망치곤 했다.

명예의 전당에는 연도별 졸업자 중 성적이 우수한 학생 명단이 게시되어 있다. 특히, '메달리스트'라고 2년의 교육과정 동안 전 과목에서 만점을 받은 학생들이 맨 위에 이름을 올린다. 러시아 군인과 외국 군인을 포함해서 10% 이내이다. 우리 군에서는 1990년대 초반 국교수립이후 한 해 1명씩 지휘참모대학에서 수학하였다. 2년 과정을 이수하였고, 명예의 전당에 이름을 올린 장교는 저자를 제외하고 2명이 더 있었다. 더 자세히 언급하면 전 과목 만점을 받고 금메달을 딴 장교는 저자 한 명이다. 친 러시아(소련) 국가 장교들의 노골적인 견제를 견디고 유일한 친미 국가인 대한민국의 장교로서 소위 과거 '공산국가, 빨갱이'의 나라 군 심장부에 이름 석 자 새긴 것을 무한한 영광으로 생각한다.

<금메달>

<명예의 전당 내
우등생 명단>

<금메달 수상>

제병협동대학 졸업식 광경이 인상적이다. 각 반마다 졸업장을 수여하는 군 원로들이 매칭된다. 이들은 예비역 장군이면서 대조국전쟁(독소전쟁), 체첸, 아프간 전쟁에 참전한 자들이다. 졸업장을 주며 정성껏 준비한 덕담을 한다. 그러면 졸업생은 경례와 함께 "○○○ 중령, 국가에 헌신하겠습니다!"라고 답한다. 군 선배가 후배에게 진심 어린 축복과 격려를, 후배들은 선배 전우에게 믿음과 신뢰를 주는 아름다운 전통이다. 선배들의 뒷모습을 보고 후배들은 닮는다. 세대를 이어져 내려가는 국가에 대한 충성과 헌신의 다짐이 졸업식의 본질이 아닐까?

5

완장의 힘(한 해에도 여러 고위 장성들이 불시 검열로 옷을 벗는 군대)

<모 부대가 전투준비태세 검열을 받고 있다.>

2016년 6월 러시아를 떠들썩하게 했던 사건이 있었다. 바로 역사와 전통을 자랑하는 발트함대 사령관(빅토르 크랍축)과 부사령관 및 주요 직위자들이 한날한시에 보직해임된 것이다. 발트함대 사령관은 우리군 계급으로 해군 소장에 해당하는 장군이다.

그 이유는 이러했다. 부대 교육훈련, 전투원 근무여건 개선, 부하에 대한 관심 소홀 등 지휘관의 직무 능력이 부족하였기 때문이다. 통상 국방부장관이 지시하는 불시 검열은 10일 이내로 이뤄지나 이번 검열은 2016년 5월 11일 부터 6월 10일까지 거의 1달 동안 이뤄져 검열 기간으로도 최장이었다.

검열관 완장을 착용한 점검관이 부대를 샅샅이 뒤졌을 것이다. 완장은 착용하기 전, 후로 다른 사람이 되도록 하는 마법이 있다. 중고시절 선도부를 생각해 보라. 한 낱 천 조각이 팔뚝에 둘러지기만 하면 마치 상당한 권력과 권한이 생긴 양, 어깨에 힘이 들어가기 마련이다. 특히, 공산권 국가에서는 그러한 경향이 더 큰 것 같다.

과연 얼마나 부대지휘를 엉망으로 했기에 보직해임 후 전역 처리가 되었을까? 저명한 군 전문가들은 두 가지 이유를 제시하였다. 첫째는 군 지휘시스템(군구조)의 변화이다. 세르쥬코프 국방장관시절(2008년~2012년) 국방개혁에 따라 함대는 해군본부의 지휘를 받는 것이 아니라 서부군관구의 지휘를 받게 되었다. 이로 인해 검열관으로 지상군과 항공우주군 소속 간부들이 편성되어 해군 내부의 과오들을 덮을 만한 평가단 구성이 이뤄지지 않았다. 둘째는 국방장관과 함대사령관의 이견이 지속된 결과로 보고 있다. 경질된 후 대리자로 북해함대사령관 블라디미르 카랄레프가 지명

되었는데 이는 현 국방장관 쇼이구의 측근으로 불린다는 것이다. 군 내부 권력투쟁의 결과로 추측되기도 하였다.

발트함대는 1702년 페테르부르크에서 창설될 당시 러시아 최고의 함대였다. 1940년 소련은 발트 3국을 병합한 후 발트함대 사령부를 칼리닌그라드[24]로 옮기고 현재까지 주둔하고 있다. 하지만 대조국전쟁(2차 세계대전시 독소전쟁)이 끝나고 차츰 태평양함대와 흑해함대에 그 자리를 양보하게 되었다. 극동지역에서 전략적 이익이 증가하였고, 흑해 일대 그루지아와 터키를 견제하기 위해 상대적으로 발트함대의 중요도가 낮아지게 되었다. 그래서 '발트함대는 과거의 함대였다.'라는 농담이 생기게 되었다. 러시아어로 '과거의 함대(Бывший флот)' 의 앞 글자를 따면 БФ 인데, 이는 발트함대(Балтийский флот)의 앞 글자와 일치하기 때문이다.

하지만 미군 주도의 나토군이 2014년 이후 동부유럽과 발트해 일대에서 연합훈련을 활발히 하면서 발트해 지역으로의 관심이 높아지게 되었다. 특히 2016년에는 나토 연합군이 발트해 인근에서 '발트탑스' 훈련을 하였다. 훈련 전 독일 잠수함이 은밀하게 러시아 작전지역 일대를 다녀갔다는 소문이 파다하였다. 이러한 사실 또한 발트함대의 전투준비태세를 점검하게 된 주된 이유였다고 한다. 독일 잠수함이 아무런 저지도 없이 무사히 이탈했다는 것은 러시아 국가 및 군 수뇌부의 분노를 일으키기에 충분하였다.

24 발트해, 리투아니아 및 폴란드 영토에 둘러싸인 러시아의 영토

현행 러시아 규정상 함대사령관을 임명하는 것은 오직 대통령의 권한이다. 국방부장관은 현직의 함대사령관을 보직해임 할 수 있고, 대리근무자를 임명할 수 있다. 그 다음 대통령의 지시에 따라 전역조치를 확정하고 새로운 지휘관이 임명된다.

우리군도 다양한 검열을 받는다. '검열관', '평가관'이 쓰인 완장을 차고 '매' 와 '올빼미'의 눈으로 부대를 살핀다. 그 결과에 따라서 신상필벌이 따른다. 전투준비의 핵심은 교육훈련이라고 매번 강조하기는 하는데 각급 지휘관들이 피부로 느끼는 수준은 다양하다. 즉, 좀 못한다고 해서 지휘책임을 지는 경우가 드물기 때문일까? 미군은 해외로 파병되는 부대의 전술훈련 평가를 한다. NTC[25]라는 훈련장에서 임무수행 전반에 대해 평가를 받고 합격할 경우에 임무수행지로 투입된다. 평가에 불합격한 지휘관은 지휘책임이 따르고 차후 진출에도 영향을 받는다고 한다. 러시아군도 유사하다. 심심찮게 러시아 국방 뉴스를 듣다보면 불시 전투준비태세 검열 결과 지휘관이 보직해임 되었다는 소식을 접하게 된다. 얼마 전에도 모 방공부대 지휘관이 경질되었다. 이유는 전투준비태세 미흡이었다. 비상 발령과 동시에 방공무기가 정해진 시간 내에 포진을 점령해야 하나 그렇지 못했다는 이유다. 우리 군과 우리 부대의 모습을 떠올려 본다. 과연 나는 얼마나 절박한 심정으로 교육훈련에 매진하고 있는가?

---

25 우리군의 KCTC와 같이 마일즈장비를 통해 훈련을 할 수 있는 센터이다.

6

진급식
(새 계급장도 씻어야….)

러시아 군에서는 진급식 행사를 "계급장을 씻는다"고 표현한다.[26] 도대체 어떻게 씻는다는 것일까? 눈치 챈 독자들이 많을 것이다. (보드카에) 계급장도 씻고, 몸도 (특히 내부 소화기관) 씻고 해야지 진급된 계급에서 근무할 수 있나 보다. 진급행사의 순서는 정해진 틀이 없으나 통상적인 관습을 소개하고자 한다. 여기서는 중령에서 대령으로 진급한 것을 상정하고 기술하였다.

먼저, 진급자 스스로 준비해야 할 것들이 있다. 당연히 행사 장소, 시간, 복장 등을 공지한다. 통상 근무복으로 하나, 만약 장성급 장교나 직속상관이 장군일 경우 존경의 의미로 예복을 입기도 한다.

다음으로는 행사 진행자를 지정한다. 특별한 기준은 없으나 가

26 러시아어로는 'Убмывание присвоения очередного(внеочередного) воинского звания.'라고 한다.

능한 술을 적게 마시는 사람 중, 본인보다 계급이 낮은 사람을 정한다. 특히, 술을 많이 마시지 않는 사람이 중요하다. 행사를 망칠 수 있는 확률이 높기 때문일 것이다.

당연히 계급장과 계급장에 부착할 '별'을 준비해야 한다. 러시아군 장교 계급은 별의 크기, 색깔 및 계급장의 줄 수로 구분한다. 그리고 가장 중요한 것, 절대 잊어서는 안 될 품목이다. 바로 보드카와 액체 250그램을 담을 수 있는 유리잔이 필수다. 보드카를 담을 수 있는 용기와 용량은 응용(?)이 가능하다. 영화나 드라마를 보더라도 방탄헬멧, 바가지 등 다양하다. 우리군도 과거에는 전투화, 방탄모 등과 같이 전혀 예상치 못한 기발한 용기도 활용했다는 말을 많이 들었다.

행사 30분 전에 장소에 도착하여 준비상태를 확인하고 초청한 사람들이 도착하게 되면 흡연 장소와 손 씻는 곳을 안내한다. 그리고 행사에 참석하는 사람 중 최상급자(임석상관)가 도착하면 보고한다. "부대 차렷! "○○대장님, ○○○의 진급축하를 위해 집합하였습니다. 중령(계급) 이바노프(성)." 보고 후 지휘관을 상석으로 안내하고, 상관의 오른쪽에 선다. 나머지 초청자들도 테이블에 가까이 가서 선다.

상관은 초청자와 계급장, 유리(술)잔 및 진급자의 건강상태(필수적이다. 왜냐하면 보드카를 마실 수 있는 상태인지를 점검한다.)를 확인하고, 정숙한 가운데 보드카 한 잔을 가득 따른다. 잔속에는 계급장에 달 '별'을 넣고 진급자는 잔을 가슴 높이까지 들고 보고한다. "○○○대장님! 참석하신 간부님들! ○○부대 중령 이바노프는 대령 진급을 신고합니다!" 보드카를 다 마시고 잔을 내려놓는다. 입으로 삼킨 별을 꺼낸 다음 보고한다.[27] "대령 이바노프!" 즉, 보드카 한 잔을 들이키기 전에는 중령, 이후에는 대령이 된다는 것이다.

다음으로, 상급자는 진급을 공표한다. 이 후, 명령에 따라 장교 두 명이 진급자의 양쪽 어깨 계급장에 '별'을 달아준다. 장교들은 갓 진급한 대령을 존경하는 만큼 자신의 잔에 보드카를 따른다. 첫 잔은 모두 건배사 없이 건배를 한다.

두 번째 잔은 지휘관의 축하 인사와 함께 건배를 하고, 세 번째 잔은 지금 우리와 함께 하지 못한 자들(전사자 및 현재도 각지에서 임무수행을 하고 있는 자)을 위하여 침묵한 가운데 마신다.

다음은 지휘관이 진행자에게 마이크를 넘긴다. 네 번째 잔을 채우고, 진급하기 이전 계급(중령)의 장교들이 진급자를 앞에 세운다. 장교들은 순서대로 진급자를 평가하며 원망, 지적, 단점 등 새로운 계급에서는 하지 말아야 할 것들을 조언한다. 이 후 장교 중 한 명이 공표한다. "중령들의 결정을 발표합니다. 이바노프 대령을 중령 계층에서 빼 줍시다!"

다섯 번째 건배는 단체로 하는데 진급자의 계급(대령)과 동일한 장교들이 한다. 그들은 순서대로 진급한 장교를 평가하며 부탁, 지적, 단점을 언급한다. 반드시 고쳐서 진급한 계급에서 더 수

27 보드카를 다 마신 후 고개를 오른쪽으로 돌려 입으로 삼킨 '별'을 오른쪽 어깨에 바로 올려 놓기도 한다.

준 높은 임무수행을 하도록 하기 위함이다. 새로운 계급 구성원으로 받을지 말지 간단한 토의(?) 후 결론을 발표한다. 결론을 공표하며 건배를 제의한다. "이바노프 대령을 우리 공동체로 받아들이기를!"

다음에는 진행자가 직책, 계급, 나이순으로 건배 제의를 한다. 술을 마시지 않는 진급자일 경우 보드카를 대신하여 다른 음료를 준비한다. 다른 참석자들은 세 번째 건배 이후 다른 음료로 보드카를 대체할 수 있다.

군대와 남자, 그리고 '술', 이 조합은 언제나 진리였다. 지금은(?) 예전만큼 왜곡된 군인정신으로 알코올을 섭취하지 않는 것으로 알고 있다. 이제는 술을 마시지 않아도 눈치를 주지도 받지도 않는다. 일체 술을 입에 대지 않는 나로서는 얼마나 다행스러운 변화인지 너무나 감사하다.

러시아 군의 진급행사 중, 상급자와 동급자가 주인공에게 조언을 해주는 순서가 인상적이다. 그것도 단점들만. 이 말은 이 진급행사가 지나고 나서는 절대 비난하거나 욕하지 않겠다는 다짐도 포함되고, 주인공은 언급된 것들을 철저히 지킬 것을 결심하는 의식일 것이다. 이러한 진심을 담은 진급행사에 적절한 알코올이 가미된다면 더 없이 의미 있는 축하 행사가 될 것이다.

잔 속에 담긴 계급장

7

군과 정교
(선택적 공생)

기뢰다! 수병의 소리가 다급하게 울려 퍼진다. 1차 세계대전 중 발트해에서 러시아군 함정이 독일군이 매설한 기뢰(해상에 설치된 지뢰)지대에 봉착했다. 갑판 위로 전 병력이 집결하였다. 이콘(Икон, 기독교 성인의 초상화)앞에 전원이 무릎을 꿇고 무사히 지나가기를 기도한다. 그 와중에 독일군 함정에서 러시아 군함으로 함포를 발사한다. 바닷물이 기도하는 러시아 장병을 덮치고 매설된 기뢰에 떨어지지만, 기도의 힘이었을까? 러시아 군함은 무사히 기뢰지대를 이탈하였다. 반면, 추적하던 독일군 함정은 자기가 매설한 기뢰지대에서 최후를 맞이하게 된다. 사면초가의 상황에서 신앙의 힘(러시아 정교)으로 위기를 극복하려는 러시아 군인의 모습을 단적으로 볼 수 있다. 러시아 영화 '아드미랄(Адмиралъ, 해군 장군, 즉 제독을 뜻한다)'의 한 장면으로, 우리나라에서는 '제독의 연인'으로 알려져 있다.

< 영화 '제독의 연인' 화면 캡쳐, 기도문을 낭독하고 있다.>

이외에도 러시아 전쟁영화를 보면 정교 사제들이 전투 현장을 누비는 영상을 자주 볼 수 있다. 특이한 점은 장례를 집례하고 출정 기도를 하는 모습뿐 아니라 돌격하는 군인들 대열에서 병사들을 독려하는 모습도 볼 수 있다. 실제로 야로슬라베츠시(市) 중앙 광장에는 나폴레옹전쟁(조국전쟁, 1812~1814)에서 총상을 두 군데나 입었지만 전투 현장을 떠나지 않고 임무수행 중 전사한 바실리 바실콥스키를 기념하는 동상도 세워져 있다. 그는 러시아 역사상 최초로 전투에 참가하여 전공을 세운 정교 사제로서 성 게오르기 훈장을 받았다.

<바실리 바실콥스키 동상>

또한, 17세기 폴란드군과 전쟁에서 러시아 정교의 지원으로 국민군이 조직되어 수도인 모스크바를 지킬 수 있었고, 대조국전쟁(독소전쟁)에서는 국가적 종교탄압의 상황에도 불구하고 모금운동을 통해 부대 창설을 지원하였다.[28] 역사적으로 보더라도 러시아정교회는 민족종교로서 국가가 위기에 빠질 때마다 상당한 정신적, 물질적 지원을 아끼지 않았다. 그래서 러시아 정교는 제국시절 국가 통치자의 대관식을 주관하고, 현대의 러시아 대통령 취임식에서도 총대주교가 축사를 맡는 것이 러시아 국민에게는 전혀 이상한 일이 아니다.[29] 공산주의 혁명으로 종교탄압이 시작된 소

28 러시아의 생활양식과 정체성, 한양대학교아태지역연구센터 러시아/유라시아 연구사업단, 민속원, 2010년.

29 이 전통(총대주교의 축사)은 2000년부터 시작 되었다.

련시절에 잠시 정교의 역할이 위축되었을 뿐이지 천 년의 기독교 역사가 곧 러시아의 역사와 동일시 될 정도로 정교회의 역할과 위상은 러시아 국민에게 높게 평가된다.

<대통령 취임식 행사 직후, 크레믈(크렘린)안 블라고베쉔스키 성당에서 축복기도를 받고 있다.>

2014년에 실시한 조사에서 러시아 국민 중 78%가 자신을 정교 신자라 여기고 있는 것으로 확인되었다. 2009년 63%에 비해 그 비율이 증가되었다. 군인들의 경우에는 71%가 자신을 정교 신자로 여겼다.[30] 1869년 기준으로 러시아군에서 종파별로 신자 수를 조

30 "러시아군과 종교단체 간의 협력: 전통의 발전.", 러시아 정교회, 2015.1.22 http://pobeda.ru/vzaimodeystvie - vooruzhennyih - sil - rossii - s - religioznyimi - obedineniyami - sovremennoe - razvitie - traditsii.html. 2015. 1.15

사한 자료에 따르면 장교들의 종교 현황은 다음과 같다.[31]

<러시아 장교의 종교 현황(1869년 기준)>

구분	정교	카톨릭	개신교	이슬람
비율	**76.8%**	13.73%	7.14%	1.13%

장교 이외의 계급에서는 아래 표와 같은 분포를 보인다. 장교보다 타 신분의 정교 신자 비율이 높다. 2014년 기준 군인의 정교 신자 비율이 71% 였는데, 이는 19세기 신자 비율보다는 낮지만, 여전히 군에서 압도적인 비율을 차지함에는 변함이 없다.

<병과에 따른 종교 현황(1869년 기준)>

*장교를 제외한 신분(부사관, 병 등)

구분	보병	기병대	포병	공병
정교	**85%**	**93%**	**93%**	**92%**
카톨릭	9.04%	4.04%	4.31%	4.99%
개신교	2.6%	0.33%	1.47%	1.05%
이슬람	1.69%	0.88%	0.57%	1.18%
유대교	1.4%	0.38%	0.36%	0.52%

당연히 현재 러시아 군에서도 정교 사제의 역할이 두드러진다. 정기적으로 예배를 집례하고 사생관과 윤리교육까지 병행한다. 국방부 예하 교육기관에서 군부대에 출입하는 사제를 교육하여

31 "러시아 장교단.", 볼코프, 모스크바 군사출판사, 1993년. (http://www.adjudant.ru/officer/000.htm?ysclid=l7e4s77xy7892972471)

배출하고 있다. 각종 훈련 중에도 예배를 집례 하는 것 뿐 아니라, 부대마크와 부대기, 새로운 장비에 성수를 뿌리며 안전한 임무수행을 위해 기원하는 의식도 주관한다. 그리고 진급식에 계급장을 축복하는 문화도 정교 신앙에 기반하고 있다. 매년 붉은광장에서 열리는 승전기념일 행사에서도 찾아 볼 수 있다. 행사를 위해 국방부 장관이 붉은광장으로 차를 타고 입장할 때 모자를 벗고 성호를 긋는다.

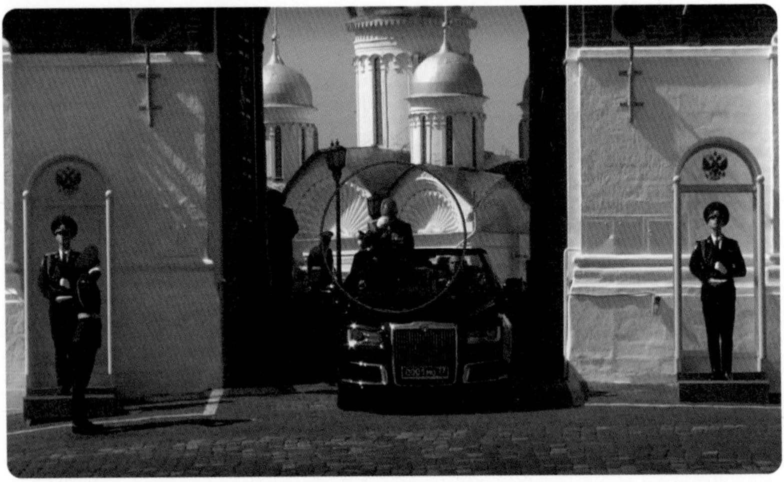

<붉은 광장으로 입장할 때 성호를 긋는 국방장관 쇼이구>

정교가 타 종교에 비해 현재 러시아군에서 중추적인 역할을 하는 계기는 2009년 대통령이 군 사제 조직 부활에 대한 정교측 제안을 공개적으로 지지한 것에 기인한다. 이를 근거로 국방부 예하에 군 성직자를 교육 및 관리하는 기관이 조직되었다. 이 기관에는 무슬림 2명, 불교 1명을 포함하여 총 150여 명의 군 성직자들이

활동하였다.[32]

2015년 5월 기준으로 러시아 군에는 266개의 교회와 37개의 기도실이 존재했다. 국방부 예하 종교 활동 기관으로 등록된 기관만을 의미한다. 러시아 정교회에서도 러시아 군과 각종 국가 권력기관(내무부 군, 국경수비대 등)과 협력을 위한 부서가 설립되었는데, 편제에 군 사제가 없는 부대에 민간 사제를 배정하고 이들에 대한 물질적 지원을 하는 임무를 수행하였다.[33]

우크라이나에서 특별군사작전에 대한 러시아 정교회의 입장은 어떨까? 러시아 역사에서도 살펴봤듯이 적극적으로 지지하는 입장이다. 이미 정교회 총대주교인 키릴은 작전 수행 이전에 국가수뇌부와 의견을 나눈 것으로 알려져 있다. 정교회 측에서는 특별군사작전의 명분을 종교적 차원에서 합리화 한다. 선과 악의 싸움으로 여긴다. 도네츠크와 루간스크 지역의 친러 성향 국민을 탄압하는 우크라이나를 '신'이 징벌하는 것이고 그 도구로 러시아를 사용한다는 것이다. 마치 잘못을 하는 자녀를 회초리로 훈계하는 부모처럼 말이다. 그래서 우크라이나는 러시아를 증오할 수 없고, 속히 기독교적 신앙으로 돌아와야 한다는 주장을 펼친다. 러시아 방방곡곡 교회마다 특별군사작전을 합리화하고 신자들의 적극적 지원을 이끌어내는 예배가 끊이지 않는다. 공산주의 이데올로기 붕괴 후 국가와 사회를 움직이는 실질적인 정신적 기반을 정교가

---

32 앞의 기사("러시아 군과 종교단체간의 협력: 전통과 발전.")

33 "현대 러시아 국방부와 러시아 정교회의 협력.", 알렉세이 아르테미에프 블라스티, 2015년(No.5) 51p.

차지하게 되었다. 정치인은 종교적 지원을 통해 국민의 지지를 얻고, 정교는 러시아 내에서 기득권을 유지하는 긴밀한 관계를 통해 앞으로도 그 입장을 유지할 것이다. 다만, 우크라이나에서 특별군사작전의 성공 여부가 이들의 운명뿐 아니라 국가적 존립에도 크게 영향을 미칠 것으로 예상한다.

8

누가 특별군사작전을 지휘하는가?
(전후 이들의 운명은?)

특별군사작전의 러시아군 총사령관이 누구인지 전쟁 초기부터 다양한 예측이 있었다. 하지만 군 작전상 기밀이었을까? 2022년 10월 8일, 특별군사작전이 시작된 지 7개월이 지나서야 러시

아 국방부는 최초로 수로비킨 대장을 통합군 지휘관[34]으로 임명한다고 밝혔다. 여기서 여러 가지 의문이 생긴다. 2022년 2월부터 10월 초까지는 지휘관 없이 작전했다는 것인가? 그리고 굳이 10월 8일에 통합군 지휘관 임명을 밝히는 이유는 무엇일까?

특별군사작전 개시 후 러시아 국방부 공식 홈페이지 접속이 막혔다. 그래서 국방부가 발표한 자료에서 구체적인 답을 찾을 수 없는 상황이다. 하지만, 현지 대표적 언론의 다양한 자료를 종합하여 위 질문에 대한 답을 찾아보았다.

러시아는 2022년 2월 24일에 특별군사작전을 시작한다고 공식적으로 발표했지만, 루간스크와 도네츠크 지역(두 지역 전체를 돈바스라고 일컫기도 한다.)에서는 그 이전부터 반정부 민병대가 우크라이나 군을 상대로 전투를 치르고 있었다. 러시아가 민병대를 지속적으로 지원해 온 것은 누구나 알고 있는 사실이었다. 전투장비와 물자 지원, 그리고 군사 고문단을 파견했다. 러시아 특수작전부대가 분쟁지역에서 첩보수집 활동도 활발히 했다. 이에 더해 국경지역에 배치된 일부 정규군 부대는 직접적으로 민병대를 지원하기도 했다. 분쟁지역 일대(돈바스 지역)는 러시아의 남부 군관구소관 지역이라 당연히 남부 군관구 사령관이 작전지휘관 임무를 수행했을 것이라 예측할 수 있다.

다출처 공개 자료를 통해 퍼즐을 맞춰본 결과, 다음 그림과 같

---

34 특정 작전지역에 투입된 지상군, 함대, 항공 우주군, 기타 국방부 직할 부대 전체를 지휘하는 권한을 부여받은 지휘관.

이 작전 지휘관을 정리할 수 있었다. 다만, 작전이 시작된 2022년 2월 24일부터 4월까지는 작전보안 때문인지 작전지휘관을 공개하지 않았다. 하지만 당시 투입된 지상군 부대들의 편성을 통해 추측해 본 결과, 남부 군관구 사령관 드보르니크 대장 또는 서부군관구 사령관 주라블료프 상장이 '북부', '동부', '남부'지역에서 작전하는 각개 부대를 지휘한 것으로 보인다.

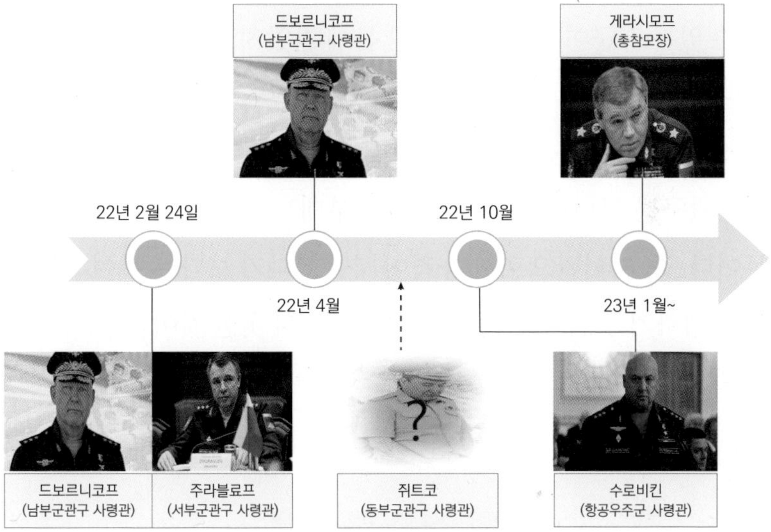

<특별군사작전 지휘관 교체 현황>

무늬만 작전 지휘관 : 드보르니코프 대장

특별군사작전 개시 당시 남부 군관구 사령관은 드보르니코프(Дворников) 대장이었다. 그의 성(姓)은 드보르니코프인데, 어원은 드보르닉(дворник)으로, 러시아어로는 '청소부'라는 뜻이다. 2015년에서 2016년까지 시리아 내전에서 정부군을 지원하는 러시아군 사령관으로서 아사다 정권 사수라는 임무를 성공적으로 완수하였다. 강경한 대응으로 당시 그의 별명은 '시리아의 도살자'였다. 시리아전에서 인정받은 그는 러시아 군관구 사령관들 중 유일하게 대장으로 진급하였고, 러시아에서는 가장 중요한 지역인 남부 군관구를 맡고 있었다. 이름처럼 우크라이나 군을 쓸어버릴 수 있는 장군이라는 기대를 한 몸에 받았지만, 국방부의 예상이 빗나가게 되었다.

왜냐하면 특별군사작전에는 드보로니크 장군이 지휘하는 남부군관구뿐 아니라 지휘권이 없는 부대도 동시에 참여하였기 때문이다. 즉, 지휘관으로서 능력이 부족했다기 보다는 부여된 임무를 수행하기 위한 여건을 제대로 보장받지 못한 것이 실패의 원인으로 보인다.

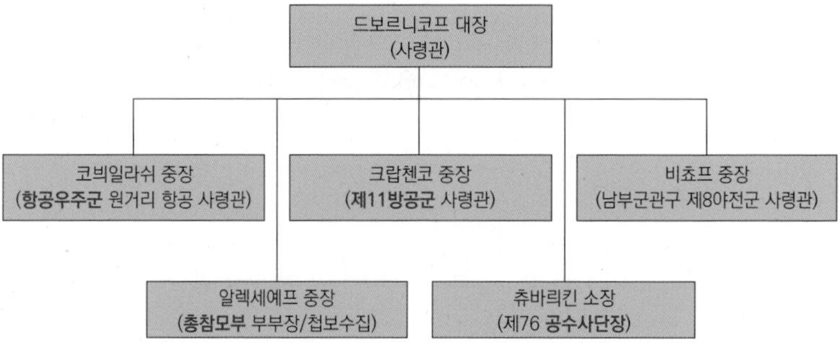

<작전초기 러시아군 지휘구조>

앞의 그림과 같이 남부군관구 사령관이 지휘하는 것처럼 보이지만 남부 군관구 예하 부대 지휘관인 비쵸프 제 8 야전군 사령관을 제외하고는 타군 소속이다. 이 부대들은 지휘체계상 자신들이 속한 군종 및 병종 지휘관의 지시를 별도로 받아야 했다. 단일화된 지휘체계의 부재는 군관구 부대들간 협조뿐 아니라, 작전에 투입된 타군(항공우주군)과 다른 병종(공수군, 방공군), 그리고 총참모부 직할(정보본부) 부대를 적시적으로 지휘할 수 없었다. 드보르니코프 장군은 특별군사작전이 시작된 2022년 2월 24일부터 2022년 10월 8일까지 8개월 동안 러시아군 사령관 임무를 수행했지만, 작전 초기 일부 성과를 제외하고는 고전을 면할 수 없었다.

작전초기, 대략 4월까지는 대규모 기계화부대를 운용하여 우크라이나 수도 키예프 인근까지 돌파하여 수도를 포위하였다. 하지만, 초기에 장악한 지역을 지키지 못하고 하리코프와 마리우폴 등(우크라이나 동쪽의 드네프르강 인근 도시)으로 철수했을 뿐 아니라, 무기를 버리고 도주하거나 보급품의 원활한 공급이 이뤄지지 않는 등 심각한 어려움에 빠지게 되었다. 특히, 9월에는 지속지원(장비 및 물자 보급 분야)을 담당하는 드미트리 불가코프 국방부 차관이 경질되기도 했다.

러시아군이 초기 작전성과를 지키지 못한 이유는 두 가지다. 첫째로, 지휘체계를 일원화하지 못했다. 작전 명령을 하달할 때 기초 중의 기초가 바로 지휘관계를 명확히 하는 것인데, 러시아 군이 이를 간과했다는 것이 이해가 되지 않는다. 아마도 우크라이나의 강력한 저항을 예상하지 못하고 단순히 수치적인 군사력 우위를 맹신한 나머지 성급하게 작전을 개시했을 것으로 추측된다.

둘째로는, 보다 더 치명적인 이유다. 2008년 군 개혁 당시 대규모 부대와 병력을 감축하면서 비전투부대는 민간에 이양하였다. 보급, 정비, 수송분야를 군이 직접 담당하는 것이 아니라 민간기업에 아웃소싱한 것이다. 과연, 생명의 위협이 상존하는 전쟁지역에 위험을 감수하면서까지 임무를 수행할 민간 기업이 있을까? 그래서 장비가 고장나면 그 위치에 버려두고, 식량이 바닥나면 구걸할 수 밖에 없는 현실이 우크라이나 언론을 통해 빈번하게 보도되었다.

마지막으로, 미국과 나토의 신속한 지원과 개입을 예상치 못했다. 2008년 그루지아와의 전쟁, 2014년 크림반도 병합때에도 서방의 지원이 없었기 때문이었다. 하지만 이번에는 달랐다. 서방 입장에서 유럽 안보를 위해서는 양보할 수 없는 지역이 바로 우크라이나 였다. 포병 장비와 드론, 대전차 미사일 등의 지원과 각종 통신 첩보 제공은 우크라이나가 반격하는 데 큰 도움이 되었다.

다음 그림과 같이, 초기 작전 실패를 교훈삼아 지휘관계를 재편하였다. 또한 작전지역을 조정하고 각 군관구에서 병력을 보충하였다. 작전 지역을 기반으로 예하 지휘관을 임명하고 이들이 해당지역 작전병력을 지휘하도록 하였다. 즉, 작전초기에는 작전지역에 투입된 부대를 원 소속 지휘관이 지휘하였다면, 4월 이후에는 작전지역을 총 4개 지역으로 세분화하고 각 군관구에서 추가 투입된 부대를 포함하여 전 작전 병력을 드보르니코프 대장이 지휘하도록 지휘체계를 일원화 하였다.

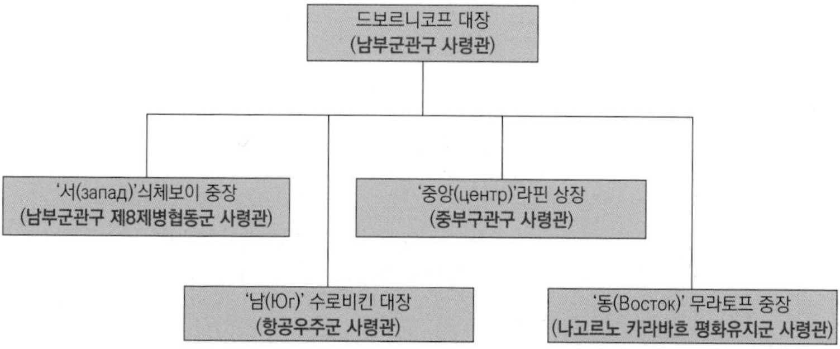

* 나고르노 카라바흐: 아르메니아와 아제르바이젠 분쟁지역

<각 작전지역의 부대 지휘를 고려한 지휘관계 개편(22년 4월 이후)>

그러나 이 조치도 지상군 부대에 한해 이뤄진 것으로 타군, 국방부 직할 부대의 운용은 그 부대 직속지휘관의 협조를 받아야 한다는 사실은 변함없었다. 예를 들어, '서'작전부대의 식체보이 중장은 항공우주군 전력을 할당받았지만, 이 부대는 항공우주군 사령관이자, '남' 작전부대의 지휘관인 수로비킨 대장의 협조도 받아야 했다. 결국, 해당 군종 및 병종의 직속상관과의 소통 없이는 드보르니코프 대장의 지시는 즉시 이행할 수 없었다. 적시적으로 결심하고 대응할 수 있는 전권이 부여되지 않았기 때문에 근본적인 지휘권 일원화라고 볼 수 없다.

일부 언론에서는 이미 5월 이후로는 드보르니코프 장군이 전장에서 사라졌다는 보도가 나오기 시작했다. 그의 빈자리를 게나지 쥐트코 상장(당시 동부군관구 사령관, 이후 국방부 군사·정치 부장)이 대리로 임무수행했다고 추측하기도 한다.

유령 지휘관 쥐트코 장군

쥐트코 장군은 2019년에 대한민국 육군 지상작전사령부를 방문한 적이 있다. 당시 동부군관구 사령관이었고, 과거 1군 사령부와 러시아군 동부군관구의 연례 상호 교류차원이었다.

그는 우즈베키스탄 출신으로, 어머니는 강제이주 고려인의 후손 이었다. 노령의 모친은 아들과 함께 꿈에 그리던 대한민국을 방문하려고 계획하였으나, 갑작스럽게 건강이 악화되어 조상의 땅을 보지 못했다. 쥐트코 장군은 한국 문화와 음식에 어느 정도 익숙하다는 느낌을 받았다. 다양한 종류의 김치를 좋아했고, 젓가락질도 수준급이었다. 당시 계급이 중장(2성 장군)이었는데, 곧 상장으로 진급할 것이라고 수행하던 참모가 알려 주었다.

인상적이었던 것은 KCTC(과학화전투훈련단)를 방문했을 때였다. 우리나라 마일즈장비(레이저 기반 교전장비)[35]를 도입할 수 있는지 문의하였다. 2019년에 방문한 러시아 지상군 장비 부사령관 리즈빈스키 장군도 동일한 문의를 하였다. 러시아는 2014년 크림 병합으로 각종 경제 제재를 받아, 독일로부터 마일즈장비 도입을 중단할 수밖에 없었다. 다른 여러 부대를 방문했지만, KCTC 마일즈장비에 상당한 관심을 보였다. 하지만, 그 후 구체적으로 협의가 추진되지 않은 것으로 보인다.

쥐트코 장군은 2021년 11월부터 국방부 군사·정치부장으

---

35 훈련규모 측면에서 세계 최대 규모인 여단급 부대가 훈련할 수 있는 체계로서 미국 장비보다 정교한 훈련 모의와 분석이 가능한 우수한 체계로 인정받고 있다.

로 임무수행하면서 특별군사작전에 투입된 것으로 추측된다. 공식적으로 언론에 노출된 적도, 기간도 알 수 없다. 드보르니코프 장군의 부진을 만회하려했으나 그 역시도 역부족이었던 것 같다. 2022년 10월 8일, 최초의 통합군 지휘관으로 항공우주군 사령관 수로비킨 대장이 임명되었기 때문이다.[36]

체첸전의 '학살자' 수로비킨 대장

최초의 지상군 장군 출신 항공우주군 사령관이다. 러시아 및 소련군 역사 최초의 인사였다. 그리고 통합군 사령관으로 임명되기 전에는 전투가 가장 치열한 '남부' 사령관 임무를 맡았다. 기계화보병 부대에서 각종 직책을 수행하였다.[37]

경력이 화려하다.[38] 첫째로, 1991년 고르바쵸프의 개혁정책을 막고자 소련 보수 세력이 국가비상사태 위원회를 구성하여 쿠테타를 일으킨 사건이 있었다. 옐친을 필두로 사건은 3일 만에 진압되었다. 당시 대대장 수로비킨 대위는 옐친 세력에 대항하는 부대

36 "쥐트코 게나디 발레리에비치", 타스통신 백과사전(https://tass.ru/encyclopedia/person/zhidko-gennadiy-valerievich)

37 "서방에서 신임 사령관 수로비킨의 상당한 전술적 식견에 대해서 주목했다", 가제타, 크세니야 막시모바, 2022.10.26.(https://www.gazeta.ru/army/news/2022/10/26/18882367.shtml)

38 "쇼이구는 최초로 특별군사작전 부대 지휘관을 임명했다", 러시아 비즈니스 컨설팅, 키릴 소콜로프, 2022.10.8.(https://www.rbc.ru/politics/08/10/2022/63416a959a7947a652f10e55)

에 근무하였다. 국회의사당에 집결한 반정부세력을 진압하라는 명령을 받고 진격하던 중 민간인 3명을 장갑차로 사망케하여 7개월 간 구속되었다. 하지만, 옐친이 직접 석방과 복권을 명령했다고 한다. 이유는 단순히 상부의 명령에 복종했다는 것으로 처벌할 필요가 없다는 것이었다. 충성심을 인정받았다.

두 번째 사건은 체첸전에서 발생했다. 제 42근위기계화보병사단장으로서 2004년 6월부터 작전을 수행하였다. 여전히 충성심 넘치고 엄격한 지휘로 명성이 자자했다. 당시 체첸 반군에 대한 공개적 약속이 상당한 반향을 불러일으켰다. " 아군 병사 한 명 사망은 체첸 반군 3명으로 보복한다."고 엄포한 것이다. 그의 성(姓)의 뜻처럼 "지독한" 지휘관으로서 알려지게 되었다. 수로비킨의 앞부분의 '수로브이(суровый)'는 형용사로서 "지독한, 가혹한" 이란 뜻이다.

세 번째는 2013년 동부군관구 사령관으로서 일본과 영토 분쟁에 있는 쿠릴섬과 국제적 경쟁의 각축장이 되고 있는 북극지역에 군사기지를 성공적으로 구축한 것이다.

네 번째는 2017년 시리아 전쟁 총사령관으로서 참전했던 시기에 발생하였다. 당시 ISIS(이슬람 무장 단체)에게 러시아 군사경찰팀이 포위되었는데, 수로비킨의 지휘 아래 무사히 구조되었다. 시리아에서 러시아군이 철수하기까지 시리아 영토의 95% 지역에서 국제테러리스트 조직을 축출하는 데 성공했을 뿐만 아니라, 러시아군 철수작전까지 완벽하게 완수 하였다. 이러한 공로로 푸틴은 러시아의 영웅 칭호를 하사 하였다.

여기서 이 글 앞부분에 제시한 의문이 풀린다. 왜 하필 10월 8일에 최초로 통합군 지휘관을 발표했는지에 대한 것이다. 전 국민에게 존경과 신임을 받고 있는 지휘관인 수로비킨을 임명해야만 했던 이유가 있다.

첫 번째는 2022년 9월 30일, 부분동원령이 발령되었기 때문이다. 지금까지는 러시아 여론상 특별군사작전은 성공적으로 진행되고 있다는 것이 압도적이었다. 하지만, 부분동원을 한다는 것은 계획대로 되고 있지 않다는 것을 의미한다. 국민을 불안하게 할 수 있는 상황이 되었다. 어떻게든 국민에게 신뢰를 줘야 했다. 그리고 동원되어 전투에 참전하는 자와, 그들의 가족들에게는 더 확실한 믿음을 주어야 했다. 명망있는 우수한 지휘관이 지휘하고 있다는 것을 대대적으로 알려야만 하는 상황에 처한 것이다.

그리고 동원령 선포 이전에는 특별군사작전에 대한 전황을 자국민에게 공개하는 노력을 기울이지 않았다. 오히려 우크라이나군이 SNS까지 동원하여 '인지전'[39]을 벌이는 것과 대조되었다. 하지만, 동원령이 선포되면서 여론이 술렁이기 시작한 것이다. 특히, 부분동원[40]에 대한 민원이 빗발치게 되었고 전 국민적 관심사가 되어버렸다. 그 이후로 국방부 정례 브리핑을 포함해 각종 언론에서 작전 전황, 성과를 적극적으로 홍보하게 되었다. 특히, 전공자에 대해서는 정기적으로 훈장을 수여할 뿐 아니라 시내 곳곳의 전

39 실시간 전장 실상을 아군의 작전에 유리하도록 국내외 미디어에 적극 홍보하는 전술이다.

40 부분동원에 대해서는 이 책 제 3장에 자세히 설명해 놓았다.

광판에 영웅들을 소개하기 시작한 것이다.

두 번째 이유는 부분동원이 된 후 작전지휘를 고려하여 수로비킨 장군을 임명하였다. 부분동원 병력이 약 30만 명이면 특별군사작전 투입부대 규모가 더 커진다는 것이다. 더 규모가 큰 부대를 지휘하기 위해서는 지상군뿐 아니라 항공우주군 전력도 통합적으로 운용할 수 있는 지휘관이 필요해서였다.

수로비킨 대장 임명 이후 항공우주군 사령관 답게 우크라이나 주요 도시에 대대적인 폭격을 가했다. 하지만, 새로운 지휘관의 임명을 알리는 정도의 수준에서 성과없이 종료되었다. 전선은 돈바스지역과 육로로 크림반도를 잇는 헤르손 지역 일대에 고착되었다.[41] 정치적 차원에서 휴전협정 등을 논의하고 있지만 양측의 입장차이가 크다. 이러한 교착상태가 언제까지 지속될지 예측하기 어렵다. 수로비킨 장군도 알려진 명성만큼 군사적 성과를 달성하지 못하고 현상만 유지하고 있는 모습이었다.

일부 전문가들은 우크라이나의 한반도화를 조심스럽게 언급한다. 어쩌면 러시아는 최초부터 친러 성향의 돈바스지역과 크림반도까지 육로로 이동할 수 있는 헤르손 지역 일대를 확보하는 특별군사작전을 계획했을 수도 있다. 작전초기 수도 포위를 통해 위 지역을 러시아 영토로 편입하려는 정치적 협상을 계획했을 것이다. 러시아 입장에서도 우크라이나 전 지역을 병합하기에는 명분도 실리도 없는 것을 너무도 잘 알고 있기 때문이다.

---

41 일일단위로 특별군사작전 현황을 확인할 수 있는 인터넷 사이트 참고. (https://lostarmour.info/map)

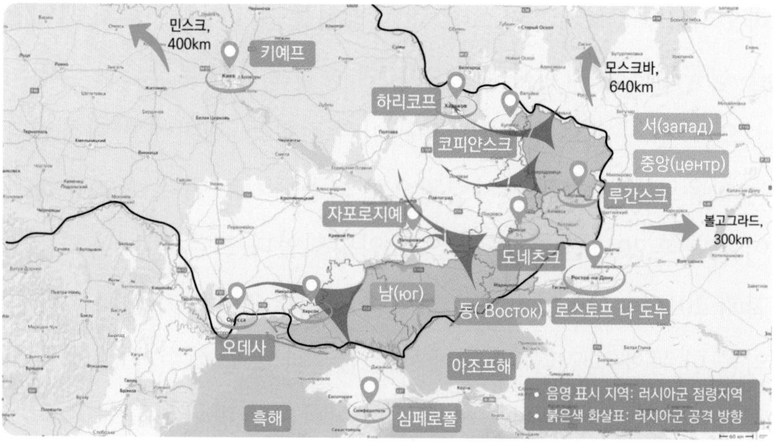

<교착된 전선>

2022년 연말, 푸틴 대통령은 특단의 조치를 취하게 된다. 이제까지는 특별군사작전이 국지전이었으나 이제는 총력전으로 가야 할 상황까지 이르렀던 것이다. 토끼 한 마리를 잡으려고 혼신의 노력을 기울이는 호랑이처럼 신중하게 결정하였다. 드디어 군내 서열 1위를 총사령관으로 투입하게 된다.

마지막 구원투수 총참모장 게라시모프 대장

2023년 1월 11일, 긴 신년 및 크리스마스[42] 연휴를 마치고 중대한 결정을 공개하였다. 게라시모프 대장을 특별군사작전 지휘관으로 임명한다는 것이다. 그는 모든 군사교육에서 우등으로 졸업

42 동방정교의 율리우스력에 따라 러시아는 1월 7일이 크리스마스다. 통상 1월 1일부터 7일까지 신년 연휴를 보낸다.

하였다. 또한, 북카프카스 제 58 제병협동군 지휘관으로서 체첸전을 성공적으로 지휘하였다. 2010년 총참모부 부부장으로 임명되었으나, 당시 세르쥬코프[43] 장관이 추진한 군 개혁에 반대하였다는 이유로 중부 군관구 사령관으로 좌천되기도 했다. 쇼이구 장관이 취임 후 2012년 총참모장으로 임명되었다. 그 후 2014년 크림병합과 2016년 시리아전에서 보여준 지휘력으로 국가 지도부의 신임을 한 몸에 받았다. 군 내에서는 겸손하고 말 실수가 없으며, 비정형적인 기발한 결심을 하는 데 뛰어나다는 평이 있다.[44]

이례적으로 이번 발표에는 부사령관까지 알리면서 그들의 임무를 공지했다. 아래 그림과 같이 총 3명의 부사령관을 지명하였다.

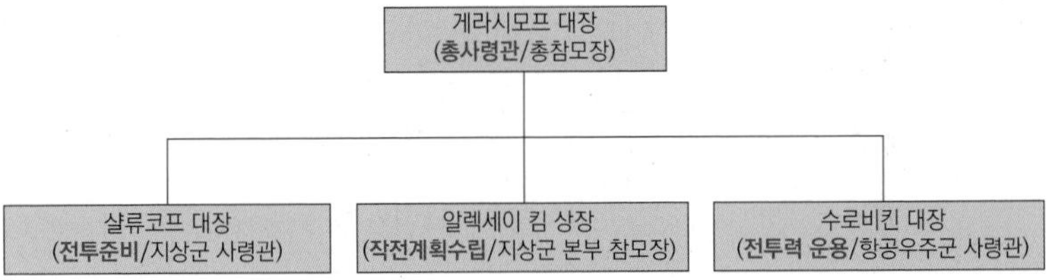

<특별군사작전 지휘부 재편성(23년 1월 11일)>

43 세르쥬코프 장관에 대해서는 제 2장, '가구장이 국방장관' 부분에 자세히 기록하였다.

44 "쇼이구는 우크라이나 특별군사작전 지휘부 교체를 단행했다", 블라디슬랍 고르데예프, 러시아 비즈니스 컨설팅, 2023.1.12.(https://www.rbc.ru/politics/12/01/2023/63bf07179a7947bc9f147029)

특이점은 샬류코프[45] 지상군 사령관을 전투준비 분야 부사령관으로 임명한 것이다. 부분동원된 병력에 대한 교육훈련과 지속지원(식량, 탄약, 유류, 정비 분야) 전 분야에 대한 전권을 부여하였다. 다음으로 살펴 볼 부사령관은 알렉세이 김 이다.[46] 성에서도 볼 수 있듯이 고려인 4세다. 2018년 모스크바에 위치하고 있는 총참모대학 부총장을 역임하였고, 대한민국 장교들과도 교류했던 것으로 기억한다. 작전 직위에 주로 보직되었고 그 능력을 인정 받았다. 샬류코프 대장의 참모장이자 특별군사작전 작전계획 수립분야 부사령관으로 임명되었다. 수로비킨 대장은 앞에서 설명한대로 게라시모프 대장 이전 최초의 총사령관으로 임무수행하였으나, 부사령관으로 자리를 옮겼다. 하지만 작전지역에 투입된 전투력 운용을 지속적으로 맡긴 것을 보면 경질할 정도의 과오는 없었던 것으로 추측된다.[47]

마지막 카드격인 총참모장을 총사령관으로 임명한 이유는 여러 가지로 추측된다. 먼저, 이전 사령관인 수로비킨 장군도 전략폭격기와 함대(해군), 정보사령부 예하 특수부대, 내무군 등 작전에

45 샬류코프 대장에 대해서는 제 2장, '장군 3인 3색' 부분에 자세히 설명하였다.

46 "알렉세이 김은 누구인가?", 코메르산트, 2023.1.11.(https://www.kommersant.ru/doc/5760644?from=doc_vrez)

47 "수로비킨은 왜 경질되지 않았으며 전선에 바뀌는 것은 무엇인가? 특별군사작전 지휘부 교체의 의미를 공개한다", 콤소몰스카야 프라브다, 이고르 야쿠닌·마리야 바체니나, 2023.1.12.(https://www.kp.ru/daily/27451/4705238/)

투입된 다른 권력기관 전력을 직접적으로 지휘할 수 없었다. 총참모장만이 가능했다. 그래서 국가의 모든 군사력을 특별군사작전에 운용할 수 있는 게라시모프 대장을 임명할 수 밖에 없었다. 즉, 완전한 지휘권 일원화를 위한 조치였다.

두 번째로, 총참모장은 대통령에게 핵무기 운용에 대해 건의할 수 있기 때문이다. 러시아군 지휘구조상 총참모장은 군사분야에 있어 대통령 다음이다. 일부 부분에서는 국방장관보다 중요한 권한도 보유하고 있다. 그것이 바로 핵무기 사용관련 검토와 건의 부분이다. 러시아는 미국 또는 나토군이 전세를 바꿀 만한 무기를 지원하거나 전투병력을 투입하게 되면 핵까지 사용할 수 있음을 지속적으로 언급하고 있다. 총참모장을 총사령관으로 임명한 것이 바로 그 언급에 대한 액션이라고 본다. 언제든 핵버튼을 누를 수 있는 조치를 취하겠다는 메시지인 것이다.

전쟁중에는 장수를 바꾸지 않는다?

총 6명의 장군들이 특별군사작전을 지휘하고 있었다. 요약해보면 다음 표와 같다.

<특별군사작전 지휘관 현황>

시기	22. 2. 24.~	22. 4월~	기간 미상 (5월 어간~)	22. 10. 8.~	23. 1. 11.~
사령관	• 드보르니코프 • 주라블료프	드보르니코프	쥐트코	수로비킨	게라시모프
작전 지휘 방식	• 작전 지역별 해당 부대 지휘관이 지휘	투입된 전 부대 지휘			
교체 이유	• 단일 지휘권 확립 • 우크라이나의 항전의지 오판	• 대량 피해 발생 • 확보한 지역에서 철수	• 공식적 지휘관 부재 • 국민 불안 시작 • 부분동원	• 국방부 직할부대와 협조문제 대두	• 국지전에서 총력전 개념 변화 • 전 군사 전력 운용 권한 • 핵 사용 언급에 대한 실질적 조치

당연히 못하면 바꿔야한다고 생각한다. 경계해야 할 것은, 잘하는데도 정치적 이득을 위해(명성을 얻은 장군이 득세할까봐...) 견제해서는 안된다는 것이다. 역사적으로 보면 스탈린이 권력 유지를 위해 명장들을 숙청하였다. 내전과 2차 세계대전 이후 군을 향한 테러를 단행했다. 그 결과로 독소전쟁 초기 독일군에 완전히 패할 수밖에 없었다. 그리고 무모한 미소 군비경쟁을 벌였으며, 아프가니스탄에서 임무를 완수하지 못하고 철군하였다.

지금, 특별군사작전에서도 약 1년간 여러 명이 교체되었다. 계획대로 진행되지 못하고 있는 것은 사실인 것 같다. 하지만 특별군사작전의 지휘관 교체는 스탈린의 군부 숙청 이유와는 명백히 차이가 있다. 최소한 권력투쟁의 결과로는 보이지 않는다. 교체 사유를 장군들의 지휘력 부족으로만 판단할 수 도 없다. 정치 지도부의 오판은 없었는지, 지휘관의 지휘 여건 보장은 철저히 이뤄졌는지, 그리고 가장 중요한 전쟁의 명분은 타당한지 등을 생각해 보아야 한다.

지휘관은 중요하다. 하지만 한 사람에 의해서 부대의 승패가 온전히 달려 있지는 않다고 본다. 시스템이 더 중요하다. 지휘관 유고시 대리체계가 갖추어져 있다. 또한, 그 조직 내에서 팀웍도 무시할 수 없다. 평시에 구축해 놓은 시스템대로 전투력이 발휘된다. 지휘결함으로 해임? 당연하다. 하지만 잘 따져 보아야 한다. 왜 그렇게 될 수밖에 없었는지를.

지휘관 교체의 궁극적인 이유는 테러조직을 제압하는 국지전 수준의 분쟁 해결을 위한 작전을 수행했기 때문이라 생각한다. 그래서 작전에 투입된 부대가 국지전 이상의 임무를 수행할 수 있는 여건을 충분히 보장하지 못했고, 명확한 지휘관계도 맺어주지 못했다. 하지만 이제는 전쟁이다. 푸틴도 특별군사작전이라는 용어를 뒤로 하고, 나토 및 미국과 전쟁이라고 공식적으로 언급했다. 이제는 국가 군사력 전체를 운용하는 총참모장이 지휘하는 전쟁이다.

전쟁중에 장수를 바꾸지 않는다는 것은 '장수'라는 특정 지휘관을 의미하는 것이 아니라, 그에 대비할 수 있는 조직을 의미하지 않을까? 비단 군사적 충돌의 전쟁뿐 아니라 사회, 경제, 의료, 복지 등 제반 분야에서 어려운 상황일때는 그 조직이 제대로 임무수행할 수 있도록 지지해야 한다. 비상사태일 때에는 지도자에게 임무에 전념할 수 있는 여건을 보장해 주고, 조직을 장악하여 역량을 발휘할 수 있도록 시간을 줘야한다. 그럼에도 불구하고 지도자의 능력이 부족하다면 당연히 교체해야 한다.

제 2의 6·25, 동족상잔의 비극?

특별군사작전 현장지휘관이 누구인지 살펴보다가 가슴 아픈 현실을 알게 되었다. 고려인 후손들끼리 총부리를 겨누고 있다는 사실이다. 대표적으로 러시아군에서는 쥐트코, 알렉세이 김 장군이 작전계획 수립과 현장 지휘를 하고 있었다. 우크라이나군에서는 비탈리 김 우크라이나 미콜라이우 주지사 겸 지역 총사령관이 힘겨운 전투를 이어가고 있다.[48] 이 외에도 예하 부대에서 수많은 고려인 동포 후손들이 직간접적으로 전투에 참전하고 있을 것이다.

우크라이나전 관련하여 제2의 한반도형 분단을 이야기 한다. 그와 더불어 같은 조상의 후예들이 서로 싸우고 있다. '태극기 휘날리며' 라는 영화에서도 형제가 서로 적이 되어 싸우는 가슴아픈

48 "우크라 남부전선 맹활약 주지사가 김씨? … 한국말 하는 비탈리 김", 연합뉴스, 2022.3.9.(https://www.yna.co.kr/view/AKR20220308147200534)

역사의 현장을 그렸다. 우크라이나 땅에서 고려인 후예들의 대치가 비참했던 대한민국 역사의 연장 선상에 이어져 있다는 사실이 서글프다.

---

* 2023년 8월 중순, 쥐트코 장군은 지병으로 사망(58세)하였고, 수로비킨 장군은 프리고진의 반란사태 후 해임되었다.

제3장

지금 러시아 군은….

러시아군은 어디서 왔고, 어디로 가고 있는가?
이들은 무엇을 추구하고 있는가?

1. 창과 방패의 싸움

2. 광활한 영토 수호를 위한 몸부림

3. 전차삼종경기

4. 특별군사작전 고전 이유

5. 특별군사작전의 진실

6. 악마의 무기

7. 부분동원(절반의 성공)

8. 특별군사작전 용어에 숨겨진 3가지 의미

9. 러시아-우크라이나 전쟁은 언제쯤 끝이 날까요?

10. 한반도와 러시아 군

<러시아 국방부 청사>

1

창과 방패의 싸움 - 다영역작전(MDO) VS. 반(反)접근지역거부 전략(A2AD)-[1]

역사적으로 해양세력과 대륙세력은 세계 패권을 두고 끊임없이 대결해 왔다. 영국과 미국이 해양세력을 대표한다면 대륙세력은 러시아, 중국으로 볼 수 있을 것이다. 러시아-우크라이나 전쟁도 결국 미국과 러시아의 충돌이다. 소련 붕괴 이후 30년 만에 미국 일변도의 국제질서에 대항하고 있는 러시아의 운명은 어떻게 될 것인지 세계인의 관심사다.

정치·경제적 대결에 대해서는 수많은 전문가들이 다양한 분석을 하고 있지만, 군사 분야에서는 다소 부족한 것이 현실이다. 자료에 대한 접근이 아무래도 어려울 수 있기 때문일 것이다. 이러한 제한사항이 있더라도 군사작전(교리) 차원에서 분석이 필요한 이유는 큰 틀에서 종합적인 국제현실을 평가할 수 있기 때문이다.

---

1 Multi-Domain Operation. Anti-Access, Area Denial.

먼저, 다영역작전은 무엇이고 반접근지역거부 전략은 무엇인지부터 설명이 필요하다. 역사적으로 해양세력은 대륙세력을 격파하고 대륙을 점령하기 위해서는 상륙하여 공격하는 전술을 취할 수밖에 없다. 반대로 대륙세력은 어떠한가? 해양세력을 통제하기 위해서는 바다를 건너야 한다. 그것도 대양을 건너야 한다면, 굳이 대규모의 상륙군을 만들어 침략할 가능성은 낮다고 본다. 그래서 방어 후 역습(실지 회복)을 주 전략으로 채택할 가능성이 높다.

미국은 해양세력의 대표적 국가로서 자신의 영토에서는 전쟁을 하지 않는다. 전쟁은 대륙세력과 인접한 완충지대나 대륙세력 영토 내에서 하는 것이 유리하다. 이를 수행하기 위한 최근 미군의 주된 전술이 바로 다영역작전(MDO, Multi-Domain Operation)이다. 지상, 해상, 공중, 우주, 사이버·전자기 영역에서 동시통합된 작전을 수행한다는 것이 핵심이다.

대략적으로 다영역작전 수행 방법을 설명하면 다음과 같다. 지상 전력(지상군과 해병대)을 투입하기 전에 적의 위협요소를 제거하기 위한 지상, 해상, 공중 및 우주공간, 그리고 사이버 및 전자기 공격 수단을 집중적으로 운용하는 것이 핵심이다. 대륙세력의 방어지대 극복을 위해 사전에 특수부대를 침투시킨다. 일부는 오래전부터 활동하던 정보요원일 수 있다. 사전에 국가 중요시설 위치를 파악하고 군의 대비태세, 방공, 미사일 부대 및 레이더 기지에 대한 첩보를 수집한다. 전쟁 지도부와 군 지휘소도 당연히 포함된다. 원거리에서 해상 및 공중 전력으로 식별된 표적에 정밀유도무기를 사용한다. 적군의 레이더장비와 표적탐지수단 및 위치식별 시스템에 사이버 및 전자기 공격을 동시에 진행한다. 이후 스트라이커 부대로 알려진 경량화 된 지상군이 전투를 시작하여 목표를 확보하게 된다. 이러한 일련의 절차들이 동시 또는 순차적으로 수개가 통합되어 전투효과를 극대화 시킨다. 이것이 바로 견고한 '방패(A2AD)'를 뚫는 '창(MDO)'인 것이다.

대륙세력의 대표적인 나라, 러시아 입장에서는 '창'을 막을 '방패'가 필요한데, 무엇으로 어떻게 막을 것인가를 '반접근지역거부(Anti - Access, Area Denial)'전략으로 설명한다. 이 역시 미군의 입장에서 정리한 용어다. 미군 입장에서 적을 평가한 것인데, 적군(해양세력)의 지상군 상륙을 거부하기 위한 일련의 군사적 행동이다.

간략하게 살펴보면 다음과 같다. 지역 내 침투하여 활동하고 있는 적의 특수작전 부대를 색출하고 격멸시킨다. 이와 동시에 영토 내 국가 중요시설에 대한 위장과 방호 대책을 강구하여 생존성을 보장한다. 보다 적극적인 대응으로는 해상, 공중 및 우주공간을 통해 공격하는 적을 조기에 식별하여 원거리에서 타격 및 요격할 수 있는 전력을 국경과 해안선 일대에 배치하는 것이다. 즉, 공격받기 전에 적의 공격 전력을 약화시키려는 의도다.

미군의 입장에서는 대륙세력의 전투수행방식을 반접근지역거부 전략으로 명명하고 이를 극복하기 위한 대책으로 다영역 작전을 발전시켰다. 여기서 의문이 생긴다. 과연 러시아 입장에서는 미국의 다영역 작전에 어떻게 대비하고 있을까?

관련 자료를 찾던 중 러시아 군사 전문지 '군사사상'이라는 곳에 기고된 논문을 발견했다. 제목도 '다영역작전에 대한 러시아의 대응'이었다. 저자 이름이 익숙하다. 알렉산드르 호무토프[2]! 러시아 제병협동대학 유학시절 지도교수가 아닌가! 관련 자료를 계속 찾다가 보니 러시아 군 관련 저명 학술지에서 지도교수의 글이 많았다. '왜 그 당시에 알아보지 못했을까?' 라는 아쉬움이 남는다. 지금 와서 돌이켜보니 동료 교수들이 교리분야에서 저명한 사람이라고 여러 번 이야기 했던 것 같다. 또한 야전부대 검열 파견으로 자주 자리를 비우기도 했다.

지도교수의 글에서는 러시아가 다영역작전에 대항할 수 있도록 발전시켜야 할 사항에 대해서 다루고 있다.[3] 첫째는 적극적 대응으로서 조기에 작전 주도권을 확보하는 것이다. 미사일방어체계와 전자전 장비를 활용하여 적의 미사일과 공중 전력을 격퇴시키는 것이다. 또한, 평시부터 대테러 및 안보 유관기관[4]과 긴밀한 공조를 통해 적의 특수작전부대를 색출하는 활동도 포함된다. 아프간 전쟁 시 40% 이상의 병력이 중요시설 방호와 부대의 작전지

---

2 러시아 지상군 대령. 석사 2년차에 갑자기 지도교수가 교체되었다. 외모로 판단하면 고지식하고 원칙주의자처럼 보인다. 말수도 적고, 워낙 바빠서 만나기도 어려웠다. 하지만 어느 교수들보다 논문 지도의 섬세함이 돋보였다. 나름 대화(언어적으로)가 통하는 학생이었기에 4회 정도 외부에서 식사를 하기도 했다. 귀국해서도 한국 화장품을 교수 아내의 선물로 보내주기도 했는데 시간이 지나다 보니 이메일로도 연락이 뜸해졌다.

3 "다영역작전을 수행하는 적에 대응", 알렉산드르 호무토프, 군사사상, 2021(No.5), 27p.

4 내무부(МВД : Министерство Внутренних дел), 연방보안국(ФСБ:Федеральная Служба Безопастности), 연방방호국(ФСО:Федеральная Служба Охраны) 등이 있다.

속지원에 운용되어 작전의 주도권을 상실했던 역사적 과오를 언급하며 적극적인 수색 및 색출 활동을 통해 조기에 작전 주도권을 확보할 것을 주장하고 있다.

둘째로는 소극적 대응으로서 국가 및 군사 중요시설에 대한 방호를 강화하는 것이다. 미사일, 포병, 방공부대의 진지를 수시로 변환하고, 위장 및 기만대책을 강구하여 생존성을 향상시키는 방법을 제안하고 있다. 국가중요시설인 군수업체, 에너지 생산시설과 교통망 등은 자체 방호능력(상시 방호 병력, 장비측면에서)이 제한적이기 때문에 위기 상황 고조시 지역 방어부대의 조기 전개를 통해 보완이 필요함도 주장하고 있다.

러시아의 대응을 살펴보면 작전의 주안은 미 지상군과 해병의 영토 진입 여건 자체를 거부하는 것으로서 미군의 해상과 공중 및 우주로 부터의 공격에서 중요 자산을 지켜내는 것을 핵심으로 한다. 또 하나 간과할 수 없는 것이 핵전력이다. 어떠한 대공방어체계로도 막을 수 없는 극초음속 미사일을 개발했다는 기사를 주기적으로 확인할 수 있다. 더구나 핵연료를 통해 항시 공중을 비행하는 미사일을 개발하여 필요시 선정된 목표를 타격하는 전술까지도 개발 중이다.

북한은 어떠한가? 반접근지역거부전략을 적용한 전술을 구사하고 있다. 미군이 이라크에서 수행한 작전을 면밀히 연구한 결과, 정밀유도미사일과 공중 전력에서의 열세를 극복하는 것이 중요하다는 교훈을 얻었다. 한미연합군에 대한 제공권 열세를 극복하기 위해 북한은 전쟁초기부터 위에서 언급한 러시아의 전술과 유사한 방법을 적용한다. 단, 적극적인 대응에서 약간의 차이가 있다. 즉, 전쟁 초기에 특수전 부대를 남한지역에 침투시켜 공항, 미사일기지, 미군증원지원시설 등을 타격하여 초전 생존성을 보장하는 방법을 발전시키고 있다.

러시아는 공격보다는 방어 후 역습에 능했다. 나폴레옹 전쟁, 2차 세계대전(독소전쟁)에도 그랬다. 아프간전쟁과 체첸전쟁 등의 공격작전에서는 쓴 패배를 맛보았다. 우크라이나 침공은 어떠할까? 언론에서는 러시아의 고전을 반복적으로 전하고 있다. 역사적 경험을 통해 보면 어려울 수 있다. 그래서 누누이 푸틴 대통령은 우크라이나 침공을 두고 '특별군사작전'이라고 강조하고 있을지도 모르겠다.

2

광활한 영토 수호를 위한 몸부림 (지리적 특징이 군사에 미치는 영향)

국경 총 60,932km(지상 - 22,125km, 해상 - 38,807km), 인접하는 국가 18개국, 동서 9,000km, 남북 4,400km, 인구 146백만 명, 영토 면적 17,125,191km², 인구밀도 8.3명/km². 러시아의 지리적 특징이다.[5] 넓은 영토를 가지고 있지만 지켜야 할 소요도 크다. 과연 이러한 영토를 수호하기 위해서는 얼마만큼의 병력이 필요할까? 통상 인구의 1% 내외가 적당하다는 연구 결과도 있지만, 단지 인구만 고려 대상이 아니라 수호해야 할 영토도 고려되어야 할 것 같다.[6]

---

5 2021년 1월 기준 러시아 연방통계청(Федеральная служба государственной статистики) 자료와 러시아 국방부 연례통계자료(Ежегодный статисти ческий сборник, 2016년)를 참고하여 작성하였다.

6 적정 병력 결정요인으로서 인구(20 - 24세 남자 인구), 국방비, GDP, 병역제도, 분쟁여부를 독립변수로 하여 도출하였다. (고시성, 인구 절벽시대 병역자원 감소에 따른 한국군 병력구조 개편 발전방향 연구, 한국군사문제연구원, 2020. 12.)

러시아 병력은 인구대비 0.8% 가량으로서 약 100만 명으로 추산된다. 러시아도 대표적인 저출산 국가로 분류되어 인구 감소 추세를 거스를 수 없는 상황이다. 또한 세계 어느 국가든 마찬가지겠지만 군 개혁의 핵심은 병력감축일 것이다. 영토는 그대로이고 국제 안보정세도 나아지지 않는 상황에서 러시아는 지리적 특성을 고려하여 어떻게 국방을 수행해 나가는지 궁금했다.

먼저, 러시아는 누구로 부터 영토를 수호해야 한다고 인식하고 있을까? 이들에게도 주적 개념이 있을까? 우선 러시아의 외부 위협은 군사독트린, 러시아연방 안보개념, 러시아연방 대외정책개념 등의 문서에서 확인할 수 있다. 이러한 공식 문서에서 확인할 수 있는 위협은 다양하다. 서쪽에서는 나토의 동진, 남쪽에서는 분리주의 세력과 이슬람근본주의 및 마약 유통, 동쪽에서는 일본(영토분쟁)과 미국(주일, 주한 미군 등), 북쪽에서는 항해와 해저 자원의 평화적 이용을 침해하는 세력 등으로 나와 있다.

위에서 언급한 위협이나 적중에서 흔히 우리가 이야기하는 '주적'은 누구일까? 결론적으로 말하자면 미군과 나토이다. 첫 번째 근거는 러시아 군 전력배치를 보면 알 수 있다. 핵심 주요전력은 동부보다는 서부지역에 배치되어있다.[7] 특히 2014년에 제 20야전군을 기반으로 제 1전차군이 재조직 되었다.[8] 이 전력은 서부 국경

7 총 5개 군관구 중 서측에 2개 군관구 이상(서부, 남부, 북해함대), 동쪽에 동부 군관구 1개가 배치되어 있다. 중부 군관구는 시베리아 대부분을 담당하고 있다.

8 제 1전차군 예하에는 2개 사단(제 2기계화사단, 제 4전차사단)과 2개 여단

에서 미군 및 나토군과의 대규모 지상전에 대비한 전력이다. 대부분의 부대가 모스크바 서측에 위치하고 있는데, 스몰렌스크-민스크(벨라루스) 축선을 담당하며 유사시 작전기동군(OMG)으로서 방어 시 대규모 역습(반타격)을, 공격시 대규모 돌파와 우회기동을 통해 적을 격멸하는 핵심전력이다.

두 번째는 군사훈련이나 연습을 할 때 일반적인 상황을 가정하여 하달하게 되는데, 그 문서에서 확인할 수 있다. 우리군도 훈련을 하면 '적'을 상정한다. 그 적은 가장 가능성 있는(또는 가장 위협적인) '주적'이다. 러시아제병협동대학 실습교재의 전략적 상황에 보면 분명 그들의 적은 유럽지역 미군과 나토군이라고 명시하고 있다. 이것도 우연히 찾아낸 것이다. 내 교재에만 수정테이프가 칠해져 있는 것이 아니라 실습교재 전체가 그렇게 처리되어 있었던 것이다. 이상해서 창밖 밝은 곳을 배경으로 해당 페이지를 보니 가리고 싶었던 부분이 보였다. 왜 하필 전략상황에 나토와 미군이 주적이라는 문구에만 수정테이프가 칠해져 있었을까? 필자가 제병협동대학 재학시절 확인한 바로는 2000년 초반 미군 장교(소령)가 러시아제병협동대학에서 수학한 시절이 있었다. 그것 때문이 아닐까 짐작한다.

하지만 주적만을 상대하기에는 광활한 영토로 인해 외부의 위협이 다양하다. 특히 러시아도 군 개혁을 지속 추진하고 있는데, 그 중 병력을 80만까지 감축할 계획을 하고 있다. 제한된 병력으

(제 27독립기보여단, 제 6독립전차여단)이 있다.

로 영토를 수호하기 위해 러시아가 선택한 전략은 다음과 같다.

먼저, 지역방어 개념의 군관구를 편성하였고 통합군 지휘체계를 구축하였다. 즉, 군관구사령관에게 지상, 해상, 공중 및 우주 전력을 운용할 수 있는 군령권을 준 것이다. 러시아는 외부 위협에 기반한 5개 전략적 방향[9]을 선정하고 군관구를 조정하여 최적화된 영토 방호 시스템을 구축하였다.

<러시아 군관구 편성>

두 번째로 전략적 차원의 연례 기동훈련을 통해 해당지역 군관구의 전투준비태세를 점검할 뿐 아니라 타 군관구에서 전력을 전환하는 실기동훈련을 실시한다는 것이다. 실제 러시아 기계화부대는 2,000km~3,000km를 부대이동(기동)하는 다양한 계획[10]을

9 제 3장 '10. 한반도와 러시아 군' 요도 참고
10 철도, 공중, 해상 및 행군 등의 방법

수립하여 시행하고 있다. 훈련은 매년 실시하며 훈련 명칭은 다양하나 각 군관구별로 진행하기에 동, 서, 남 등으로 명명된다. 특히 남부 또는 동부 군관구에서는 연합훈련이 시행되기도 하는데, 집단안보조약기구(ОДКБ - Организация договора о коллективной безопасности)의 회원국[11] 위주로 시행된다.

세 번째로는 제한된 병력을 효율적으로 활용하기 위한 내선작전(內線作戰) 준비이다. 이는 병력과 장비를 신속하게 전략적 방향으로 전환하기 위한 조치이다. 이 중 철도망은 러시아 내전과 독소전쟁(2차 세계대전)을 거치면서 그 중요성과 활용성을 검증하였다. 또한 대형 항공수송전력[12]을 보유하고 있어 특수부대를 가장 신속하게 이동시킬 수 있는 능력을 발전시키고 있다.[13]

---

11 CSTO(Collective Security Treaty Organization). 회원국은 아르메니아, 벨라루스, 카자흐스탄, 키르기지야, 러시아, 타지키스탄 6개국이다.

12 러시아 국방부 사이트(mil.ru)와 민간 항공기 소개 사이트(avia.pro)를 비교하여 작성하였다.

13 신속한 기동, 집중 및 분산의 이점을 획득하고 양호한 통신, 짧은 병참선을 이용하여 외부로부터 포위태세로 전진해 오는 적과 대적하고자 하는 작전.

<공수군 주요 수송기 현황>

구분			중량	화물	전투원
항공기	대형 (전략적)	АН-124	392 T	120 T	440명(강하) / 880명(보병)
	대형	Ил-6МД	210 T	60 T	126명(강하)
	중형	Ту-134а	47 T	8 T	76명
		АН-26	15 T	5.5 T	35~43명
헬기 Ми-26		Ми-мтв	13 T	4.5 T	인원 24명
		Ми-26	56 T	20 T	70명(강하) / 보 병 85명

또한 북해지역에서는 쇄빙선 보유를 통한 상시 항로 개척 및 전력투사 준비를 하고 있다. 러시아는 세계 유일 핵추진 쇄빙선 함대를 보유하고 있다. 현재(2019년 기준) 쇄빙선 4척과 기타 지원함 6척, 총 10척을 보유하고 있다. 북해함대에는 상륙군(해병대 및 지상군 전력)을 보강하여 영유권 분쟁에 따른 무력충돌에 대비하고 있다.

<북해함대 편성>

구분	해상전력	지상전력(군단)	공군·방공부대
편성 부대	• 북해함대 • 콜스키 소함대 • 벨라보르스키 해군 기지	• 제 61 독립해병여단 • 제 200 독립기보여단 • 제 80 독립북극기보여 단(2014년 창설)	• 제 45공군 및 방공군

네 번째로는 신속기동군 창설이다. 여기는 공수군 예하 사·여단 및 해병대, 기계화 여단이 해당된다. 이는 전쟁 및 분쟁 초기단계에 핵심지역으로 신속히 기동하여 작전의 주도권을 확보하기 위한 전략적 자산이다.[14] 특히, 북해지역에서 해병대 전력이 강화되고 있는데, 이는 최근 북해항로와 해저 자원을 두고 주요 이해국간의 분쟁에 대비하기 위한 조치로 볼 수 있다.

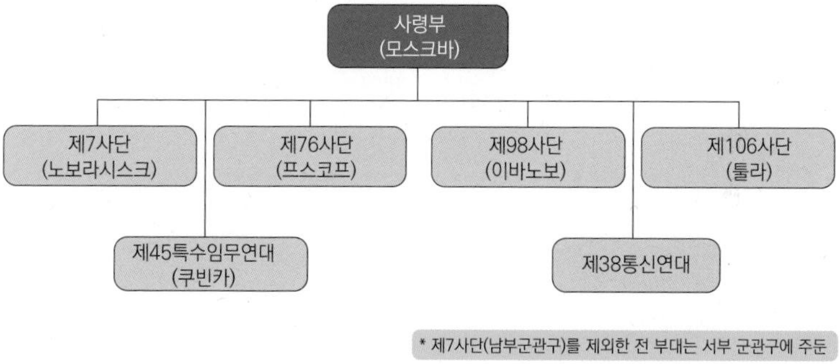

<공수군 편성>

마지막은 체계적인 동원시스템 구축이다. 독소전쟁에서 승리를 달성한 주력이 바로 동원 전력이었다. 초기 작전에 투입된 상비군은 독일의 선제기습공격에 맥없이 무너졌다. 이러한 경험을 바탕으로 지역단위 예비군 관리 기관이 일체의 자원관리 및 정례 훈련을 실시하고 있다. 또한 완편, 기간, 동원 부대 등의 유형에 관계

14 러시아 영토 내 어느 지역이든 증강된 대대와 편제 장비(강하)를 전환시키는데 24시간, 사단 전체(강하+착륙 수송 혼합)는 3일이 걸린다.

없이 전투장비(차량, 장갑차, 전차 등 주요 화기)는 100% 보유하고 있어 언제든지 상황발생시 출동할 수 있는 태세를 갖추고 있다. 반면, 동원된 부대를 위한 치장(보관)된 무기와 장비의 노후화는 러시아군이 해결해야 할 주요 숙제로 인식하고 있다.

<러시아 군 편성과 동원시기>

<table>
<tr><th colspan="2">구분</th><th>완전편성</th><th>감소편성</th><th>기간편성 / 장비 보관기지</th></tr>
<tr><td colspan="2">임 무</td><td>• 국경엄호부대, 군의 1제대(제1 작전적 제대)</td><td>• 제 1, 2 작전적 제대</td><td>• 작전 및 전략적 예비대</td></tr>
<tr><td colspan="2">보직률
(전시대비)</td><td>• 70~80%</td><td>• 50% 이상</td><td>• 5% 이상</td></tr>
<tr><td rowspan="3">보급률</td><td>무기·장비</td><td rowspan="3">• 100% 부대 보유</td><td rowspan="2">• 100%(75% 이상 부대 내, 나머지는 통합 보관 기지)</td><td rowspan="3">• 100%(정비, 치장 순환 등의 경우 90%까지 허용)</td></tr>
<tr><td>물자</td></tr>
<tr><td>차량</td><td>• 30% 이상(75% 미만 동원)</td></tr>
<tr><td rowspan="4">보관형태</td><td>무기·장비</td><td>• 단기치장</td><td>• 병력 편제 수량-단기치장, 나머지는 장기 치장</td><td>• 장기 치장</td></tr>
<tr><td>물자</td><td>• 차량적재</td><td>• 저장기지에 부대별 보관</td><td>• 물자별 기지 내 통합</td></tr>
<tr><td>탄약</td><td>• 적재</td><td>• 부대 내 저장</td><td>• 탄종별 통합 보관 기지</td></tr>
<tr><td>배터리</td><td>• 작동가능 상태로 장착</td><td>• 단기치장 - 작동 가능 상태
• 장기치장 - 건조 상태 보관</td><td>• 통합 저장소 (건조상태)</td></tr>
</table>

완편 시기	• 준비태세[15] "격상" 단계, "시"+24시간	• 준비태세 "군사위험" : 핵심요원 - "시"+12시간 • 준비태세 "전면적" : "시"+24시간 ~72시간	• 준비태세 "전면적" : 핵심요원 - "시"+24시간 • 장비보관 기지 : 7~8일
출동준비 완료 시간	• 상시	• 동원령 선포 후 15일	• 동원령 선포 후 30일

영토가 넓어도 너무 넓다. 우리나라 입장에서는 부럽기도 하다. 하지만 광활한 영토를 지키기 위해서는 그에 상응하는 방위 수단이 필요하다. 러시아를 보면 버겁다는 생각이 든다. 어쩌면 알래스카를 헐값에 넘기기를 잘 했다고도 볼 수 있다. 그 영토를 지키기 위해 들여야 하는 노력 그것도 만만치 않을 것이다. 물론, 알래스카가 가지는 지정학적 이익과 지하자원을 고려하면 쉽게 결정하기는 어려웠을 것 같다.

15 준비태세(Боеготовность)는 4단계로 구분된다. 평시(Постоянная), 격상(Повышенная), 군사위험(Военная опасность), 전면적(полная)으로 부대 내규에 의해 단계적으로 나누어 상황에 맞게 전투를 준비한다. 우리군의 방어준비태세(데프콘)와 유사하다.

3

전차삼종경기

2019년 여름, 갑자기 러시아로 출장이 잡혔다. 러시아에서 주최하는 세계군사경연을 참관하는 것이었다. 러시아에서 유학할 때도 텔레비전으로만 봤지 가 본 적은 없었다. 가기 전 소개 자료를 보다가 '전차삼종경기'가 눈에 들어왔다. 전차로 무슨 경기를 하는 것인지 상당히 궁금해졌다. '전차로 철인삼종 경기처럼 달리고, 자전거를 타고 수영을 하는 것인가?' 아무튼 러시아는 대단하다고 생각한다. 전차로도 삼종 경기를 만들다니….

전차삼종경기(Танковый Биатлон)는 러시아가 주최하는 세계군사경연의 한 종목이다. 전차를 타고 주행, 사격, 장애물 극복의 세 가지 종목을 완주하여 가장 빨리 결승선에 들어오는 전차가 승리하는 것이다.

<알비노 전차삼종 경기장 전경>[16]

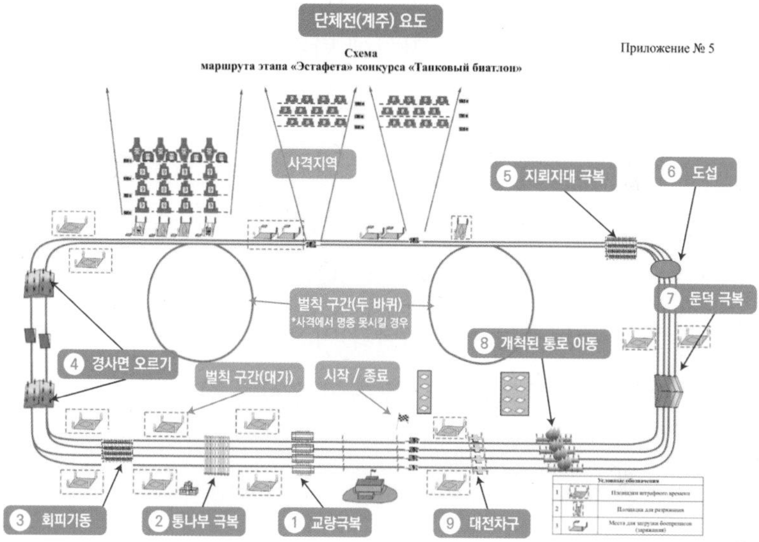

<경기장 요도(정해진 레인을 따라 타원형 경기장을 돌면서 미션 수행)>

---

16 총 면적 5,500헥타르(55km²), 기동로 7.5km, 16가지 인공 장애물이 조성되어 있고, 일일단위 20,000명이 훈련할 수 있다.

2014년부터 시작되어 매년 여름, 모스크바 서쪽 알비노 훈련장에서 열린다. 군견 경연, 군사경찰 질서유지, 산악 행군, 조리경연 등 20여 개의 다양한 종목이 있다. 우리군의 국군의 날 전후로 열리는 지상군 페스티벌과 유사하다. 하지만 한 가지 큰 차이점이 있다. 러시아의 세계군사경연은 군 교육훈련 분야와 게임을 접목시켜 세계 각국의 군인끼리 선의의 경쟁을 벌일 뿐 아니라 참가국 전 국민들이 온-오프라인을 통해 함께 즐길 수 있다는 것이다.

경기 규칙은 간단하다. 먼저 개인전과 단체전(릴레이)으로 구분된다. 승무원 전원(3명)이 전차에 탑승하고 4개의 트랙으로 구분된 4km~6km 원형 경기장을 도는 것이다. 즉, 한 번에 전차 4대(4개국)가 경기를 할 수 있고, 순위는 걸리는 시간을 측정하여 가장 빨리 완주한 팀이 우승하게 된다. 단체전은 전차 당 3명의 승무원이 한 조로 편성되어 총 3개조(전차 3대)가 이어서 트랙을 4바퀴 완주하는 것이다. 계주는 4개 팀(국가)이 아래의 4가지 미션을 다른 순서로 수행할 수 있도록 제비를 뽑아 순서를 정한다.[17]

구분	첫 번째 바퀴	두 번째 바퀴	세 번째 바퀴	네 번째 바퀴
미션	• 주행(최대속도/장애물 극복)	• 전차사격 (고정 및 이동 3개 표적)	• 공중표적 사격 (헬기 3개 표적)	• 기관총 사격 (땅크사냥군조, 3개 표적)

17 A팀은 주행부터 순서대로, B팀은 전차사격부터, C팀은 공중표적, 마지막으로 D팀은 기관총사격을 먼저 시작한다. 경기시간은 대략 2시간 내외이다. 2021년에 러시아 팀이 우승할 당시의 기록은 1시간 36분 49초였다.

주행은 전차가 사격 없이 트랙을 최대 속도로 이동하며 장애물을 극복하는 것이다. 장애물은 실제 전투에서 접할 수 있는 경사로, 지뢰지대, 하천, 대전차구 등을 구축해 놓았다. 각 장애물에는 카메라가 장착되어 정해진 경로로 이동하는지와 주변 장애물과 충돌하는지 여부를 보고 감점요소를 체크하게 된다.

1. 교량 극복(교량전차)

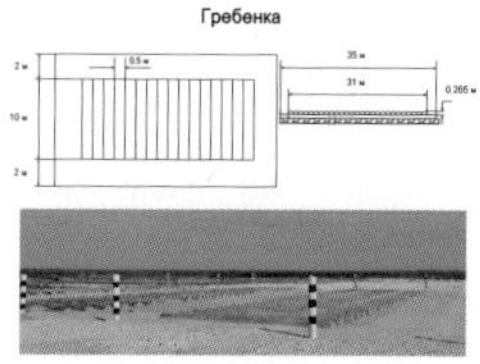

2. 통나무 교량 극복

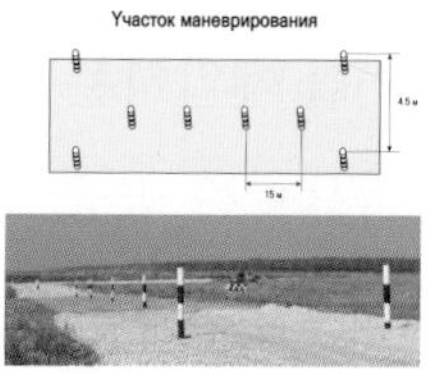

3. 회피기동(S자)

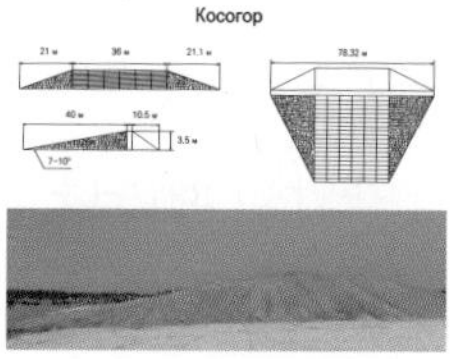

4. 경사면 오르기

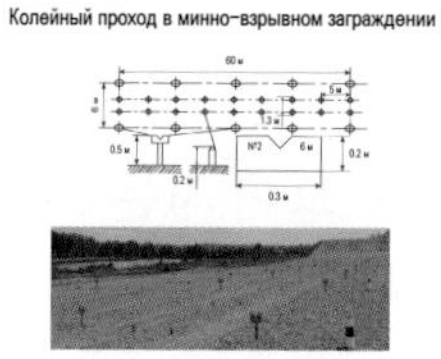

5. 지뢰지대 극복

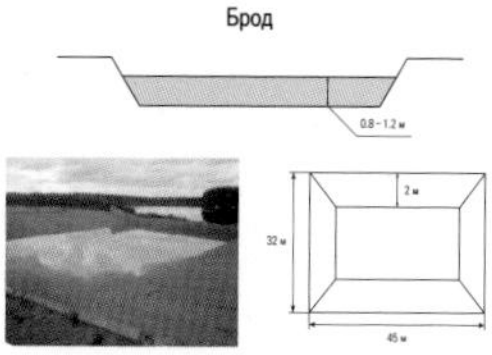

6. 도섭

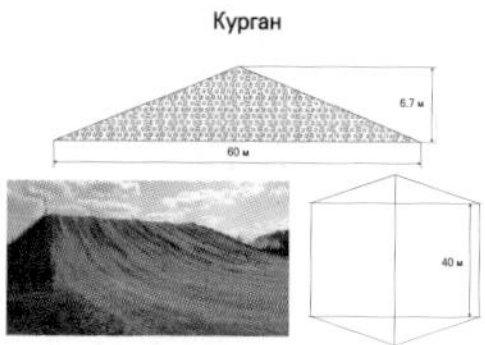

7. 둔덕 극복

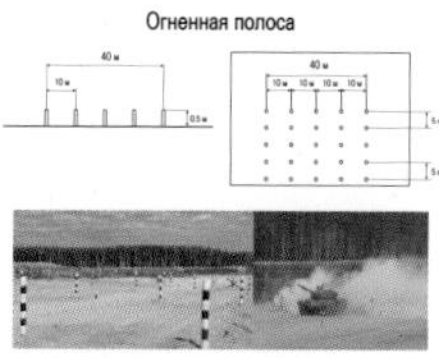

8. 개척된 통로 이동

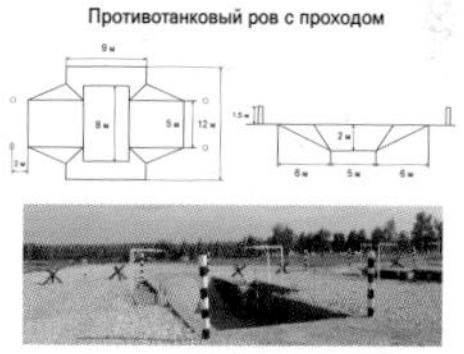

9. 대전차구 극복

<장애물 종류>

사격은 총 3가지 상이한 표적에 명중시켜야 하고 제압되지 못한 표적만큼 벌칙으로 트랙을 두 바퀴 더 돌아야 한다. 사격의 정확성이 경기 결과에 미치는 영향이 크다. 먼저, 전차포 사격은 1,600m, 1,700m, 1,800m의 전차 모양 타켓에 사격한다. 정지된 상태에서, 그리고 시속 5km/h 이상으로 이동하면서 사격한다. 두 번째로는 7.62mm 기관총으로 적 대전차 공격조(땅크사냥군조[18])를 제압하는 것으로 600m, 700m, 800m 총 3개 표적이다. 마지막으로는 공중 표적으로서 헬기에 해당된다. 12.7mm 기관총(고사포)으로 800m, 900m, 1,000m 표적에 사격한다.

경기장 현장에서 들리는 전차의 굉음과 사격 소리, 그리고 각국에서 온 응원단의 함성이 마치 인기 있는 스포츠 종목을 관람하고 있는 것처럼 느끼게 한다. 특히, 타겟을 관측할 수 있는 카메라가 관중석의 대형 화면으로 보여 지는데 표적이 제압될 때마다 환호성이 끊이지 않았다. 교육훈련에서도 이렇게 볼거리를 제공할 수 있고 즐길 수 있음에 놀랐다.

---

18 우리나라 군사용어로는 '대전차 공격조'라고 하지만 북한군 용어로는 '땅크사냥군조'라고 한다. 북한군은 소련군 전술 용어와 부호를 그대로 가져와서 사용하고 있다.

<개척된 통로 극복(중계방송 캡처[19])>

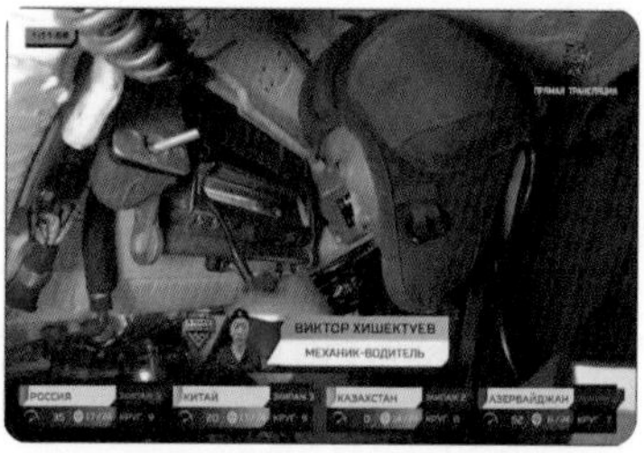

<전차 내부 조종사(중계방송 캡처)>

2014년 첫 회 전차삼종 경기에는 12개국이 참여하였고 2019년까지 25개국으로 증가되었다가 코로나 여파로 2020년에는 16개국, 2021년에는 19개국이 경기에 참여하였다. 참가국 현황을 보면, 대부분 구소련 공화국이었거나 공산주의 국가들이다. 한 가지 더, 러시아 팀은 한 번도 우승을 놓친 적이 없다. 아무리 주최국이라고 하지만 군사 분야 스포츠도 냉정하기 그지없다. 일명 '눈뜨고 코베이징' 논란으로 유명한 2022년 베이징 동계 올림픽에서 보여준 중국의 '꼼수'도 러시아에게는 통하지 않는가 보다. 심판진을 보면 각 참가국에서 공평하게 참여하고 있지만 '주심'만은 러시아 측에서 담당하다 보니 어쩔 수 없는 것 같다.

전차삼종경기를 통해 러시아는 대내·외적 효과를 톡톡히 누리고 있다. 먼저, 국내에서는 군사훈련을 놀이 또는 게임으로 확장시켜 국민들에게 친근감을 주고, 멋진 실력 발휘(매번 우승)를 통해 대군 신뢰도도 높일 수 있다. 또한 군 입장에서는 경쟁을 통해 기

19 중계방송도 실감나게 한다. 각 국 전차의 현재 속도, 승무원, 몇 바퀴, 사격 결과 및 기록이 실시간대로 전시된다.

량을 향상시킬 수 있고, 경기결과 분석을 통해 전투 및 교리 발전 소요를 도출할 수 있다[20]. 대외적으로는 우방국과 긴밀한 교류를 통해 군사 분야 파트너십을 공고히 할 수도 있다. 또한 자국 장비를 홍보할 뿐 아니라 연합작전능력을 배양할 수 있는 소중한 기회로 이용하고 있다.

전차가 훈련장에서 마음껏 사격하고 달릴 수 있다니, 우리 군에서는 꿈같은 이야기다. 영토가 넓어도 너무 넓다 보니 민원 걱정도 없을 것이다. 너무나 부러웠다. 갈수록 우리 군의 훈련장 확보가 어려운 실정이다. 매번 실전과 같은 훈련을 강조하지만 훈련장 여건이 불비하여 훈련을 축소하거나 미루게 된다. 누군가는 해외에 훈련장을 확보해야 하는 것이 필요하다고 한다. 정말 필요하다. 국내에서 훈련장 확보가 어려우면 해외(예를 들어 몽골 같은 나라)에 미국의 NTC(National Training Center)와 같이 한반도의 다양한 지형과 지역을 조성하여 마치 실전처럼 제대로 된 훈련을 하는 날이 왔으면 좋겠다.

<연도별 참가국 현황>

구분	참가국	경기 결과
2021년 (19개국)	아제르바이잔, 벨라루스, 베네수엘라, 베트남, 카자흐스탄, 중국, 몽골, 러시아 ,세르비아, 시리아, 우주베키스탄, 압하지아, 카타르, 키르기지아, 라오스, 말리, 미얀마, 타지키스탄, 남오세아티아	금메달 : 러시아 은메달 : 중국 동메달 : 카자흐스탄

20 매년 각 군관구(남부, 서부, 동부 군관구 순)에서 예선을 거쳐 최고의 팀을 선발하여 출전시키고 있다.

2020년 (16개국)	압하지아, 아제르바이잔, 벨라루스, 베트남, 카자흐스탄, 카타르, 키르기지아, 중국, 라오스, 미안마, 콩고공화국, 러시아, 세르비아, 타지키스탄, 우즈베키스탄, 남오세아티아	금메달 : 러시아 은메달 : 중국, 동메달 : 벨라루스
2019년 (25개국)	러시아, 벨라루스, 아제르바이잔, 아르메니아, 세르비아, 앙골라, 수단, 우간다, 남아프리카공화국, 짐바브웨, 베네수엘라, 쿠바, 카자흐스탄, 타지키스탄, 우즈베키스탄, 몽골, 미얀마, 베트남, 쿠웨이트, 중국, 키르기지아, 스리랑카, 라오스 시리아, 이란	금메달 : 러시아 은메달 : 벨라루스 동메달 : 카자흐스탄
2018년 (23개국)	아제르바이잔, 아르메니아, 중국, 시리아, 타지키스탄, 벨라루스, 러시아, 세르비아 베트남, 카자흐스탄, 인도, 몽골, 라오스, 쿠웨이트, 이란, 미얀마, 키르기지아, 남아공, 우간다, 앙골라, 짐바브웨, 니카라과, 베네수엘라	금메달 : 러시아 은메달 : 중국 동메달 : 벨라루스
2017년 (19개국)	아제르바이잔, 앙골라, 아르메니아, 벨라루스, 베네수엘라, 짐바브웨, 인도, 이란, 카자흐스탄, 키르기지아, 중국, 쿠웨이트, 라오스, 몽골, 니카라과, 러시아 , 세르비아, 타지키스탄, 우간다 .	금메달 : 러시아 은메달 : 카자흐스탄 동메달 : 중국
2016년 (17개국)	아제르바이잔, 앙골라, 아르메니아, 벨라루스, 베네수엘라, 짐바브웨, 인도, 이란, 카자흐스탄, 키르기지아, 중국, 쿠웨이트, 라오스, 몽골, 니카라과, 러시아 , 세르비아, 타지키스탄, 우간다	금메달 : 러시아, 은메달 : 카자흐스탄 동메달 : 중국
2015년 (13개국)	앙골라, 아르메니아, 베네수엘라, 인도, 카자흐스탄, 키르기지아, 중국, 쿠웨이트, 몽골, 니카라과, 러시아, 세르비아, 타지키스탄	금메달 : 러시아 은메달 : 중국 동메달 : 세르비아
2014년 (12개국)	앙골라, 아르메니아, 벨라루스, 베네수엘라, 인도, 카자흐스탄, 키르기지아, 중국, 쿠웨이트, 몽골, 러시아, 세르비아	금메달 : 러시아 은메달 : 아르메니아 동메달 : 중국

4

특별군사작전에서 고전하는 이유

- *"오늘날 러시아 군은 어떠한 어려움 속에서도 임무를 완수할 수 있다."*
  (2020년까지의 군 개혁 중간 평가를 위한 주요 지휘관 회의 / 2017년 11월)
- *군의 장교단은 전문성이 향상되었다. 모든 군관구 사령관, 제병협동군 사령관, 공군과 방공군 사령관, 사단장, 제병협동 여단과 연대장의 96%는 전투 경험(참전)이 있다.*
  (국방장관 쇼이구가 대통령 푸틴에게 보고한 내용 / 국방부 회의, 2018. 12.)[21]

2017년 11월과 2018년 12월 국방부 회의실에서는 2020년까지의 군 개혁(2012년~2020년) 중간 평가를 위한 주요 지휘관 회의가 열렸다. 러시아 군 현대화 실적에 참석자들 모두가 상당히 만족한 모습이 TV로 중계되었다. 회의에서 제시한 성과 자료 상 러시아 군은 그야말로 천하무적, 세계 최고의 군대로 비상하고 있었다.

21 국방부 회의(Заседание коллегии Министерства обороны. 2018. 12./kremlin.ru)

4년이 지난 2022년 우크라이나에서 특수군사작전이 시행된 후 러시아군의 고전이 외신을 통해 끊임없이 보도되고 있다.

- '군사 강국' 러시아, 빈 깡통이었나… 3대 1 원칙의 오류 증명한 셈. (아시아 경제, 22. 5. 16. / 월스트리트 저널)
- 보급에 문제 생겼나? 소총 들고 우크라이나 마트 터는 러시아군.(이데일리, 22. 3. 2. / 타임지)
- 아군끼리 군수물자 갈등까지. 보급난 러군 지휘체계 먹통, 이유 있다. (중앙일보, 22. 3. 22. / CNN)
- 20년 된 보급식량, 군용차량 부수고 항복한 병사… 꼴사나운 러시아 군장. (머니투데이, 22. 3. 9. / AP)
- 보급난 러군 탈영 속출… 민간인 차, 옷도 훔쳐.(헤럴드 경제, 22. 3. 22. / 영국 익스프레스)
- 러, 우크라에 동원한 지상군 전력 3분의 1 상실했을수도.(SBS, 22. 5. 15. / 영국군 정보당국 분석)
- 강 건너다 러시아 대대급 전멸…군 지도부 숙청설.(YTN, 22. 5. 13 / 영국 더 타임스, 인디펜던트지)
- 우크라 군, 흑해에서 러시아 상륙정 격침(MBC, 22. 5. 8. / 우크라이나 국방부)
- 우크라가 '러시아 별들의 무덤'된 배경에는 미국이 있었다.(세계일보, 22. 5. 7 / 뉴욕타임즈)
- 파괴된 러 장갑차 바라보는 하르키우의 우크라 군.(뉴스원, 22. 5. 12 / AFP)
- 60만 원 폭탄에 45억 원 러시아 탱크 박살…러 잇따른 손실. (서울경제, 22. 5. 14 / 영국 데일리메일)
- 우크라 국방, 러시아 목표 좌절…전쟁 장기전 돌입.(뉴시스, 22. 5. 13 / CNN)
- 러시아 전차 파편 지나는 우크라이나군 차량.(뉴시스, 22. 5. 14. / AP)
- 방산 대국이라면서…쏘면 빗나가는 러시아 미사일.(연합뉴스, 22. 5. 11. / 뉴욕타임즈)
- "드론에 당했다"…러시아, 우크라 공격에 대패.(머니S, 22. 5. 13. / 영국 타임스)

· *러시아 해군, 흑해 제해권도 곧 사라진다.(뉴시스, 22. 5. 11. / 뉴욕타임즈)*
· *푸틴 굴욕, 모스크바함 침몰. 미, 우크라에 좌표 콕 집어줬다.(중앙, 22. 5. 6. / NBC, NYT)*
· *설계결함 수십 년 방치… 러시아, 9주간 탱크 50대 잃었다.(조선비즈, 22.4. 29. / CNN)*

2017~2018년 성과분석 회의 때 발표한 강력한 군대는 어디로 간 것인가? 지금의 러시아-우크라이나 전쟁의 상황은 예상이나 했었을까? 90년 대 전후로 붕괴되었던 러시아 군을 재건하겠다는 희망찬 기대로 시작된 군 개혁의 성과는 허구인 것일까? 아니면 군사 강국 러시아의 압도적인 승리를 어느 누구도 의심하지 않았기에 실망이 더 큰 것인가? 최신 무기 개발과 현대화, 군인의 처우 향상, 시설 개선 등 전 분야에서 향상되었기에 더 수준 높은 임무수행을 기대했지만 전투 현장은 생각했던 것과 달랐다. 아마도 러시아는 압도적인 무기체계와 완벽한 전투수행으로 불과 한 달 만에 승리한 미군의 이라크전 수준을 예상했었을지도 모른다.

군 개혁 성과와 특별군사작전 자신감

우크라이나에서 특별군사작전을 시작한 러시아의 자신감은 어디서부터 왔고, 그 근거는 무엇인지 2017년까지 군 개혁의 성과를 살펴보면 어느 정도 유추할 수 있다. 러시아가 우크라이나와의 전쟁에서 보여주려고 했던 '강한 군대'의 모습이 바로 거기에 제시되었기 때문이다. 2012년 5월 9일 승전기념일 행사에서 푸틴 대통령이 발표한 '러시아 군 건설과 발전 및 방위산업 현대화 계획 실현에 대한 대통령 지시 No. 603'에서 군 개혁 목표를 알 수 있다. 아래 표에 요약하여 기술하였다.

1. 2020년까지 군 장비 현대화율 70% 달성 *2. 우선 발전분야 추진* *가. 핵전력* *나. 항공-우주방어* *다. 통신-정찰-지휘 시스템* *라. 전자전 시스템* *마. 무인기* *바. 무인공격로봇* *사. 수송기 현대화* *아. 정밀유도무기와 거부 시스템* *자. 전투원 개인 보호 시스템*

이 중에서도 러시아가 관심을 기울인 부분은 핵전력과, 비핵전력 현대화 및 지휘시스템 구축 분야였다. 다음 표에 2017년 까지 추진한 군 개혁 성과를 작성하였다. 산술적으로 보면 일부 분야는 이미 목표연도(2020년) 보다 최대 3년 이상 조기에 목표를 달성하였다.

<군 개혁 주요 성과(2012년~2017년)>

구분	내용
핵전력 (현대화율 74% 달성)	• 전략미사일 부대 : 장비 현대화율 42%→66% - 대륙간 탄도미사일 80기 이상 도입 - 차세대 미사일 '야르스' 12개 연대 재무장 - 적 미사일 방어시스템 극복능력 30% 향상
	• 해상 핵전력 : 전략 미사일 잠수함 현대화율 82% - 탄도미사일 102기 추가 장착 - 전투력 25% 상승
	• 공중 핵전력 : 전투력 1.5배 상승 - Ty-160M Ty-95MC 현대화 - 신형 순항미사일 운용 가능한 항공기 11배 증가 - 전략 미사일을 장착한 항공기 비율 75.7% 증가
비핵전력	- 장거리 유도미사일 : 이스칸데르, 칼리브르, 바스치온 등 전력화 - 정밀유도 순항미사일 전력화 30배 증가 - 대공방어시스템 C-400 배치
	• 미사일방어체계 - 조기경보체계 '바로네쉬' 현대화 - 군사 위성 55개 발사 / 운용
지휘시스템	• 러시아 연방 국가방어지휘센터 창설(2014년) - 전·평시 국가방위 제요소 지휘 일원화 - 제대별 군 지휘소+행정기관(158개)+공기업, 방산 업체(1,320개) 통합 - 정보교환 6배, 업무 자동화 7배, 정보축적 9배, 정보처리 6배 향상

과거로부터 러시아 군 현대화 우선순위는 3대 핵전력[22] 현대화에 있었다. 2017년 기준 장비 현대화율 74%를 달성하여 다른 분

22 지상 : 핵탄두 탑재 대륙간탄도미사일, 해상 : 핵무기 무장 원자력 추진 잠수함, 공중 : 전략폭격기

야 보다 추진속도가 현저히 빠름을 알 수 있다. 이는 여전히 핵전력 유지를 통해 전략적 억지력을 달성하려는 군사전략에 변함이 없음을 의미한다.[23] 우크라이나 전쟁에서도 필요시 핵무기 사용을 시사하는 것 자체가 미국을 포함한 NATO의 적극적인 우크라이나 지원을 억제하는 효과를 어느 정도 발휘하고 있는 실정이다.

이번에는 각 군별로 5년 동안(2012~2017년) 발전시킨 사항을 요약하면 아래와 같다.

<각 군별 개혁 성과>

구분	내용
지상군 (현대화율 15%→ 44.7%)	• 10,000 대 이상 현대화된 무기와 장비 전력화 - 신형 전차, 장갑차 3,000 여 대 - 차기 무기체계 양산[24](아르마타, 쿠르가네츠, 부메랑) * 기동력 1. 5배 상승
	• 포병 : 화력 54% 증가 - 10개 로켓여단 창설(이스칸데르 엠) - 장비현대화 : 포병여단 1, 포병대대 14, 포대 4
	• 워리어 플렛폼 : 생존성 30% 향상 - '라트닉-2' : 35개 부대 보급 완료 - 차세대 장비 '라트닉-3' 연구 중.
	• 치장(무기고 보관)된 무기와 장비 가동율 98% - 33,000 대 수리 완료

23 러시아 군사독트린(2014. 12. 15)에 러시아 연방은 러시아 및 러시아 연방의 연합국에 핵 및 기타 대량살상무기를 사용하는 경우와 국가 존재 자체에 위협을 주는 재래식 무기 사용에 대한 대응으로 핵무기를 사용할 수 있음을 명시하고 있다(Российская газета - федеральный выпуск № 6570).

24 신형 전차 '아르마타'는 152mm 첨단 유도미사일을 장착 예정. 완전자동화

해군 (현대화율 52.3% 달성, 전투력 30% 증가)	• 수상 및 잠수함 150척 이상 전력화 • 정밀유도미사일 '칼리브르' 장착 : 신형 수상함 15척 • 해안방어부대 '발', '바시지온'(지대함 미사일) 13개 포대 창설
항공-우주군 (현대화율 72.8%, 전투력 1.5 배 증가)	• 연 200대 이상 항공기가 현대화된 장비로 재무장 (총 12개 비행연대, 육군항공 3개 여단 및 6개 연대)
	• 대공방어 - 5년간 6개 로켓연대가 'C-400'로 전력화 - 19개 대대가 '판치르-C' 로 전력화[25]

지상군, 해군에 비해 항공·우주군의 현대화 비율이 상대적으로 높다. 여전히 지상군은 50% 이하로 그 진행속도가 느리다. 러시아군은 지상군 중심의 군 구조로 타 군과 비교하여 상대적으로 부대 수와 운용하는 장비 양이 많다는 것이 그 이유로 보인다.

사격통제체계를 통해 사격 후 미사일을 멈추거나 다른 방향으로 유도할 수 있는 기능 탑재. 최대 사거리 5km에서 시속 70km로 기동하는 타겟을 타격할 수 있도록 제작(iz.ru, 2018. 9. 7.). 보병전투차량 '쿠르가네츠'는 30mm자동포, 7.62mm 기관총, 대전차 미사일 '코넷' 2기를 장착. 장착된 무기체계는 원격사격통제체계를 통해 장갑차 내부의 승무원이 사격함. 승무원 3명, 최대 8명 인원수송 가능(jane.com. 2018.7.11). 보병전투차량 '부메랑': 최대시속 110km, 수중 12km로 기동 가능. 30mm 기관포와 7.62mm 기관총, 대전차 유도미사일을 4기 장착. 원격사격통제체계 구축. 또한 원격제어반을 통해 차량 외부에서도 조종 가능.(jane. com. 2018. 9. 5.).

25 사거리 1.2km ~ 20km, 고도 15m ~ 15km, 총 12발의 로켓보유. 고사총은 30mm 쌍열포로서 유효사거리는 4km이다. 기본 휴대량은 철갑소이탄 1,400발이고 2014년 크림반도에서 우크라이나 무인기를 격추시키는 데 효율적으로 운용하였음(topwar.ru).

게임체인저 개발, 4차산업혁명 기술 접목

이 외에도 러시아는 4차 산업혁명의 발전된 기술을 접목시킨 미래 무기체계 발전에도 역량을 기울였다. 그 중, 주요 분야를 뽑아낸다면 통신-정찰-지휘시스템 구축과 무인기 및 개인전투원 보호시스템('워리어 플랫폼'[26] 러시아 버전) 이다.

먼저, 통신-정찰-지휘시스템은 '스트렐레츠'라는 명칭으로 개발되었으며 대대급 이하에서 개별 전투원까지 운용성을 고려하였다. 개별 전투원의 위치정보, 표적 식별, 좌표획득, 정보(데이터) 전송 기능이 탑재되어 있다. 러시아의 '워리어 플렛폼'인 '라트닉'과 연계되어 모든 무기체계와 각개 전투원이 실시간으로 전투현장을 동시에 보면서 지휘하는 개념이다.

두 번째는 무인기개발 분야이다. 현대전 특성상 정밀타격능력 발달로 누가 원거리에서 적을 먼저 식별하고 타격하느냐가 전투의 승패를 좌우한다. 초기에는 정찰위주로 운용되었으나 현재는 다목적용으로 개발되고 있다. 감시 및 정찰, 통신(중계), 공격, 전자전 등 복합적인 기능을 수행하는 추세로 발전시키고 있다.

2012년까지 러시아군의 무인기 능력은 주간에만, 10km이내 거리에서 운용할 수 있는 수준이었다. 세계 군사기술 강국들에 비해 무인기 분야에서는 후발주자였다. 2012년~2017년까지 5년 동

26 각 개 전투원(워리어)의 전투력 발휘를 위해 착용하는 피복, 장구, 장비로 구성된 기반체계(플랫폼)를 뜻한다(육군 전력발전업무 규정 010).

안 무인기를 운용하는 3개의 부대가 창설되고, 이 부대에 1,800대 이상의 현대화된 무인기가 전력화 되었다. 작전 종심은 500km까지 확장되었고 1,000km 이상의 작전반경에서 운용할 수 있도록 발전시키고 있다. 2012년에 비해 무인기 정찰능력은 15배 상승되었다고 발표하였다.[27]

<무인기 개발 현황>

구분	2012년	2017년	2018년~
주요 장비	• 그루샤, 10km, 75분 • 플레챠, 60km, 2시간	• 엘레론-3, 25km~50km, 90분 • 포르포스트, 50km, 16시간 • 아를란-10, 500km, 14시간	• BVS VT 500, 250km, 6시간 • 오리온-E, 300km, 30시간 • 명칭 미상, 작전반경 3,000km, 48시간

마지막으로는 전투원 개인 보호시스템이다. 우리군의 '워리어 플랫폼'과 그 기능이 유사하다. 2005년까지 전력화된 '바르미챠'로 부터 2030년 전력화를 목표로 연구 중인 '라트닉-3'까지 총 5종의 개인보호 시스템을 발전시켜왔다.[28]

---

27 "오늘날 러시아 군은 어떠한 어려운 과업도 해낼 수 있다", 러시아 육군지, 2017년 12월호, 5p.(mil.ru)

28 "러시아 병사-매우 영리하고 위협적이다. 결국 전투장비를 지급받았다", 세르게이 츠카소프, 폴리트러시아, 2016.10.13.(http://politrussia.com)

<전투원 개인 보호 시스템 발전 현황>

구분	바르미차 (~2005년)	페르미야 치카-엠 (~2010년)	라트닉-1 (~2015년)	라트닉-2 (~2020년)	라트닉-3 (2030년)
주요 기능/장비	• 야간투시경 • 네비게이션 • 무전기 • 방탄헬멧	• 아라미드 재질[29] (전투복) • 메탈, 세라믹 전투조끼 • 방탄안경, 전투 장갑	• 개별 전투원간 통신 연결 • 주야 조준경 • 배터리 내장 • 체온유지 기능	• 피아식별 장치 • 심장 스캔 기능(심박동, 호흡, 체온 등) • 초고분자량 폴리에틸렌 재질 전투복 (기존 아라미드 재질 대체)	• 지능형 방탄헬멧 (스크린, 전투 정보 및 타격 목표 전시) • 위장색 변경 • 초경량화 • 외골격
중량	45kg	12kg	• 17kg(보병) • 22kg (강습부대)	• 추가 경량화 추진	• 초경량화
기타	• 개인 전투 장비를 모아놓은 수준 • 전투하중, 전투피로 가중	-	• 중량 최적화 • 각종 기능 장치 단일 플랫폼화	• 남부 및 서부 군관구 우선 보급(35개 대대)	• 실험평가 단계

29 소총탄에 방호 받을 수 있는 강도로서 열에 강하고 튼튼함. 내열성, 탄성이 뛰어나 항공 우주 및 군사분야에서 활용(네이버 지식경제용어사전)

앞에서 살펴본 바와 같이 여러 분야에서 상당한 성과를 보였지만 전투현장에서는 이러한 성과에 대한 효과가 잘 나타난 것처럼 보이지 않는다. 달성했다고 하는 성과들에 비해 우리가 접하고 있는 전황은 사뭇 다른 점이 많다. 왜 이런 결과가 나온 것일까? 아직도 러시아-우크라이나 전쟁이 지속되고 있는 시점에서 러시아의 과오를 평가하기 이르지만 '중간 평가' 정도로 몇 가지 이유를 도출해 보았다.

특별군사작전 고전 이유

첫 번째는 우크라이나 국민의 항전 의지를 과소평가했다. 2014년, 친러 정책 추진과 각종 비리로 야누코비치는 대통령직에서 물러나게 된다. 당시 EU가입 등 친서방정책을 지지하는 반러 세력에 의해 야누코비치는 생존의 위협을 여러 차례 받고, 자신의 정치적 고향인 친러 지역 도네츠크를 거쳐 러시아로 도피했다. 젤렌스키도 이와 비슷하게 서방으로 탈출할 것으로 예측했다. 즉, 지도자만 제거하면 국민들의 저항의지도 꺾여서 전쟁을 조기에 종료할 수 있을 것으로 판단했다.

하지만, 젤렌스키는 전장을 떠나지 않았고, 각종 채널을 통하여 여전히 건재한 상태로 전쟁을 지휘하고 있음을 알렸다. 결혼식을 미루고 참전한 새 신랑, 해외에서 유학중인 학생들이 입대를 위해 귀국, 여성들도 나무총을 들고 사격연습을 하는 모습 등 전 국민적 항전의지가 갈수록 고양되었다. 2004년 오렌지혁명을 통해

성장한 민주시민사회는 무력으로 제압 할수록 용수철처럼 튀어 올랐다. 세계 어느 나라든 지도자가 약하고 나라가 위태할수록 국민들은 더 단합되어 국가를 지켜낸 사례가 많다.

두 번째, 러시아의 경직된 조직문화와 제왕적 대통령제의 영향으로 볼 수 있다. '장군들이 전쟁을 계획한 것이 아니라 첩보요원들이 계획했다'는 평가가 있다. 러시아의 대표적인 첩보기관으로는 해외정보부와 연방보안국이 있는데, 연방보안국은 주로 국내 파트를 맡는다. 당연히 해외정보부는 미국, 중국 등 해외 주요 국가들에서 정보 수집활동을 하고 있다.

문제는 푸틴 대통령이 몸담았던 연방보안국의 입김이다. 이들은 제왕적 대통령의 권위와 경직된 조직문화에 너무나 익숙했다. 우리에게도 잘 알려진 '심기 경호'란 말도 있듯이 푸틴의 의중을 파악하고 맞춤형 조언을 해왔다.

당연히 우크라이나는 해외정보부의 소관이나, 구 소련시절 한 나라였던 우크라이나에 대한 정세 평가는 계속해서 연방보안국이 맡게 되었다. 연방보안국은 급변하는 세계정세와 색깔혁명 등으로 변화된 우크라이나 국민의 정서까지 읽을 정도의 전문성을 가지지 못했다는 평가도 있다. 더구나 2년 간 코로나의 영향으로 대통령에게 직언을 할 수 있는 인사들의 대통령 면담도 제한되었다.

푸틴이 특별군사작전 개시를 결심하는 데 있어서 냉철한 판단을 위한 진실된 보고가 이뤄지지 않았다. 실제로, 안보관련 기관들의 충분한 논의가 이뤄지지 않았고, 전쟁 개시에 대한 결심 자체가 긴박하게 이뤄져 군 지도부의 전쟁준비 시간은 당연히 부족

할 수밖에 없었다.

세 번째, 푸틴 대통령의 자만도 한 몫을 하였다. 2000년에 대통령을 시작하여 총리 4년을 빼면 거의 20년 간 권좌에 앉아있다. 재임기간 동안 경제성장, 실추된 국가 위상 회복, 군사력 재건 등 '강한 러시아'를 이뤄가고 있는 강력한 리더이다. 국민들의 지지도가 70%를 오르내린다. 크림반도 합병과 시리아 전쟁, 그리고 ISIS (이슬람 무장 단체)와의 전쟁에서 군사작전 성과도 있었다. 더욱이 2014년 돈바스 지역에서 보여준 러시아 군 대대전술단(БТГ)의 활약은 우크라이나 군을 완벽하게 무력화시켰다. 이러한 일련의 성과는 푸틴 스스로를 자만케 하는 요인으로 작용하였다. 군인의 관점에서 보면, 우크라이나에서 러시아의 '특별군사작전'은 완벽한 실패다. 작전지속지원(보급)을 전혀 고려하지 않은 전투현장의 적나라한 모습이 그 반증이다. 단 하루를 작전하더라도 빠질 수 없는 것이 바로 '보급'의 문제다. 군사작전을 계획하고 시행하는 데는 충분한 작전준비 과정이 필요하다. 이번 전쟁은 러시아 군 지도부의 무능보다는 국가 지도부의 전략적 전쟁지도 능력의 부재로 보인다. 히틀러와 스탈린, 그들도 눈과 귀를 가리는 자만에서 비롯된 독선과 고집으로 군을 좌지우지한 결과, 치명적인 피해를 감수해야 했다.

네 번째, 산술적 전투력 비와 첨단 무기체계를 과신하였다. 2012년 5월 7일 푸틴 대통령은 특별지시를 하달하였다. 즉, '대통령 지시 No. 603, 604' 인데, 지금까지 추진이 부진했던 국방개혁을 혁신적으로 추진하려는 강력한 의지가 담긴 문서였다. 러시아판

'비전 2020'이라고 봐도 무방하다.[30] 5년 후 2017년 11월 국방부 장관 쇼이구는 2020년까지 추진되는 개혁의 추진경과에 대한 중간평가를 실시하는 전군 지휘관 회의를 개최하였다. 앞부분에서 살펴본 군 개혁 중간평가 내용과 같이 상당한 성과를 거둔 것처럼 군과 국민 모두 산술적 평가에 일명 "국뽕"이 생긴 것이다. 우크라이나 지역의 전투 현장에서 보여진 러시아 군은 2017년 국방부 회의에서 언급된 현대화된 최신 무기체계를 제대로 보여주지 못한 것인지, 그야말로 '자화자찬'의 '아무 말 대잔치'였는지 좀 더 지켜봐야 할 것이다.

보이는 것과 보이지 않는 것

전투력은 유형적 전투력과 무형적 전투력으로 나눌 수 있다. 유형적 전투력은 말 그대로 병력과 부대 수, 장비 보유량, 장비의 성능 등 가시적인 부분이다. 이와 반대로 무형적 전투력은 전투원의 훈련 정도, 사기, 정신적 대비태세, 국민적 지지 등 수치화하기 어려운 부분이다. 두 가지 다 높을수록 좋지만 전사를 통해 볼 때 전쟁의 승패에 있어 무형적 전투력이 좀 더 큰 영향을 미친다고 생각한다. 이순신 장군의 명량해전, 베트남전에서 우리 해병대 1개 중대가 베트콩 3개 대대 공격을 막아낸 짜빈동 전투 등이 그랬다.

30 우리 군이 목표년도를 설정하고 군사력 건설과 운용을 어떻게 발전시켜 나갈 것인가에 대한 계획문서이다.

전투에서 전투력을 발휘하는 수단과 방법을 전술이라고 하고, 전술은 '전투력을 운용하는 과학과 술(art)' 이라고 정의한다. 전술에서도 우리가 만져볼 수 없는 영역인 '술'적 부분이 존재하는 것이다. 어쩌면 확신할 수 있는 보이는 것보다 확인하기는 어렵지만 보이지 않는 것이 더 중요한 역할을 하는지도 모른다.

5

특별군사작전의 진실(비밀이 없는 세상, 그래서 더 진실을 알 수 없는 현실)

정보통신의 발달로 전 세계에 비밀이 없을 정도로 정보의 홍수 속에 살아가고 있지만, 오히려 과도한 정보로 인해 더욱더 진실은 찾기 어려워졌다.

1. 외국 용병 2만여 명이 참전하고 있다.	*2. 포로에 대해 부적절한 대우를 한다*
3. 민간인을 방패로 사용하고 있다.	*4. 허위로 전쟁 상황을 유포하고 있다.*
5. 외국 유학생들을 학살하고 있다.	

어느 국가에서 주장하고 있는 내용일까? 1번 우크라이나, 2번 러시아, 3번 기타. 우리나라 언론 위주로 읽어본 사람들은 주로 1번을 선택할 것이고, 러시아 언론을 조금이라도 접할 수 있는 사람은 1번과 2번 사이에 고민이 깊어질 것이고, 3번을 선택한 사람은 질문의 의도를 파악하고 대답을 찾는 사람일 확률이 높다. 출제자의 답안은 3번이다. 양측에서 서로 주장하고 있는 내용이다. 어느

측이 옳은지는 알 수 없다. 다만 둘 다 똑같은 주장을 하고 있다는 사실은 진실이다.

우리 언론사들의 전쟁 관련 기사를 보면 외국 언론 보도를 전달하는 경우가 많다. 특히, 미국을 비롯한 서방의 언론이 대부분이다. 러시아가 '전쟁'이 아닌 우크라이나 영토에서 '특별군사작전'을 수행한다고 공표했으니 스스로 무력 충돌을 시작한 것은 부정할 수 없다. 어떤 이유에서든 인간의 생명을 앗아가는 전쟁을 시작했다는 측면에서 국제적 비난을 피해갈 수 없다. 그런 이유인지 우리가 접하는 대부분의 전쟁관련 언론기사는 전쟁을 시작한 이유, 경과 등 천편일률적으로 우크라이나를 지지하고 러시아는 규탄하고 있다.

우리는 2003년 미국 부시 정부 시절 이라크전을 잘 알고 있다. 대량살상무기를 생산, 보유하고 있는 이라크의 위협을 제거하여 국제 평화를 달성한다는 명분으로 시작한 전쟁이다. 그 전쟁에서도 수많은 민간인이 사망했고 문화재가 소실되었으며 국가 중요시설이 파괴되었다. 미국은 서방의 지지로 일방적인 승리를 달성하였지만, 이라크 영토에서 대량살상무기를 찾았는가? 국제 테러조직은 완전히 소멸되었는가? 미국의 입장에서는 이라크가 자국의 안보를 심각히 위협한다고 규정하고(악의 축) 일방적으로 전쟁을 일으켰다. 당시에도 세계 언론은 미국 편이 다수였다.

러시아 입장에서는 우크라이나가 러시아 안보를 심각하게 위협하고 있다고 규정하고 있다. 나토(NATO) 가입 추진(러시아 턱밑까지 접근하는 미국-유럽의 군사적 팽창 우려), 돈바스 지역 러시아인

(민족적으로) 탄압, 그리고 유럽으로 가는 천연가스관의 안정적 공급 위협 등 그들 나름대로 심각한 안보위협이다.

러시아의 억울함을 대변하거나 우크라이나를 동정하고 싶은 생각은 없다. 더욱이 한미동맹을 전적으로 지지하는 입장에서 미국의 대러 제재를 이중적 잣대라고 비난하고 싶지도 않다. 전쟁은 또 다른 정치적 수단임을 너무나 잘 알고 있다. 역사는 승자의 편이고 주류를 대변할 수밖에 없는 국제 현실을 인정한다. 그저 현재 국제사회에서 주류가 러시아였다면 현재의 사태를 바라보는 관점이 달라질 수 있다는 것을 이야기 하고 싶은 것이다.

두 번째로 언급하고 싶은 부분은 현대전 양상이다. 군인으로서 이 점을 유의 깊게 보고 있다. 앞에서 살펴본 퀴즈의 내용과 연관되어 있다. 바로 '정보전(미디어 전쟁)'이다. 스마트폰 사용이 일상화된 세상에서 아군의 작전에 기여하고 국제적 지지를 얻기 위해 네트워크상에서 치열한 전투를 치르고 있다. 우크라이나 측에서는 우크라이나 지역인지도 모르고 훈련의 일환으로 여기며 낙오한 병사들, 굶주린 병사에게 빵을 주는 영상, 민간지역 폭격 영상, 더욱이 부상을 입은 어린아이와 폭파된 산부인과 병동, 러시아 군 장성 저격 등이 계속 보도된다. 이 영상들의 대부분은 현지 주민들에 의해서 촬영되어 SNS에 게시된다.

러시아 측에서는 똑같은 내용을 다르게 보도한다. 낙오한 병사에게 빵을 주는 영상은 포로에 대한 적절한 대우를 해주지 못하는 상황을 악의적으로 편집한 왜곡된 영상이라고…. 민간인 폭격 영상에 대해서는 우크라이나 군이 민간인들을 방패 삼아 진지구축,

특히 박격포 진지를 민가 지역에 구축하여 공격했다고 하며, 민간 지역 폭격, 특히 병원 폭격의 이유도 이를 빌미(민간인과 시설을 방패막이로 이용)로 한다. 무엇이 진실이고 거짓인지 판단할 수 없는 내용들이 너무나도 많다. 현장에서 눈으로 보지 않고서는 누가 정확히 말할 수 있겠는가?

2022년 4월에 실시한 특별군사작전 관련 러시아 여론조사 결과[31]를 보면 러시아 국민 90%가 러시아에 대한 외국의 정보전쟁이 진행중이라고 답변했다. 그리고 각종 언론과 SNS상에서 러시아와 러시아 군의 역할을 부정적으로 평가하는 자료를 접한 비율은 61%였다. 이러한 부정적 자료를 진실이라고 여기는 사람은 11%에 불과했다. 러시아 국민 84%가 특별군사작전을 지지하고 있다. 이들에게 자국군의 전투행위를 객관적인 입장에서 논리적이고 합리적으로 평가하기란 참으로 어려운 일일 것이다. 자국의 이익과 생존의 문제 앞에서 어느 국가 국민이라도 그럴 가능성이 높다.

아직도 우크라이나에서는 전투가 계속되고 있다. 우리가 접하는 언론에서는 러시아의 작전 실패, 전쟁 지도부의 무능, 러시아군의 전투력 과대평가 및 경제 제재로 인한 러시아의 모라토리엄 선언 임박 등을 지속적으로 보도하고 있다. 더구나 러시아 내 반전 시위도 격화되고 있다고 한다. 국내 뉴스로 접하는 기사의 출처를

---

31 러시아 국영 여론조사 기관 브치옴(ВЦИОМ) 2022년 4월 설문조사 (https://wciom.ru/analytical-reviews/analiticheskii-obzor/informacionnaja-voina-vokrug-specialnoi-voennoi-operacii)

유심히 살펴보기 바란다. 미국 또는 유럽, 우크라이나 언론이 대부분일 것이다. 이들 국가가 바라보고 싶은 전쟁, 적국인 러시아의 모습, 그리고 '인지전' 차원의 매스컴 활용이 의심되는 경우도 있다. 러시아 국내 뉴스와 비교해 보면, 최소한의 균형적인 시각도 일부 필요함을 느낀다.

러시아 라디오 앱으로 들었던 러시아 국방부 공부살장의 발표 내용은 다음과 같다.

1. 우크라이나군에서 외국 용병으로 전투에 임하고 있는 이들은 전투원으로 간주하지 않을 뿐더러 포로로서 대우하지 않겠다.
2. 포로인 러시아 군인에 대해 적절하게 대우하지 않으면 반드시 찾아서 응징하겠다. 우리는 그들의 좌표까지 다 확인하고 있다.
3. 미국 특수부대원들이 활동 중이고 일부를 체포했다. 3차 세계대전을 일으키도록 자극하지 마라.

또한, 푸틴 대통령은 다음과 같이 대국민 공식 담화를 했다.

1. 지금 우크라이나의 저항하는 모습은 대조국전쟁(2차 세계대전)때 나치의 군대가 행했던 모습을 연상케 한다. 거짓 유포와 민간인을 방패로 활용하는 것이다.
2. 우리가 점령한 지역의 치안과 행정기능은 정상이다. 에너지와 식량 수급에 문제가 없다. 러시아 군이 지급하는 황색 박스에는 생필품, 식수, 아이들 서적, 비상약품이 들어 있다.

과연 우리가 접하고 있는 전쟁 보도 기사는 얼마나 믿을 수 있을까?

6

악마의 무기[32]

러시아-우크라이나전에서 '악마의 무기'라고 불리는 무기체계인 중(重)화염방사기가 등장했다고 우크라이나 언론에서 심각하게 보도했다. 이 무기는 사실, 아프가니스탄 전쟁때부터 사용되었다. 왜 '악마의 무기'인지 그 이유를 알아보자.

외형에서부터 우리에게 익숙하지 않다. '화염방사기'라고 하면 다음 그림과 같이 월남전 정글에서 전투원이 등에 연료통을 메고 여기에 연결된 호스로 연료를 뿜어내면서 불을 붙이는 장면을 떠올리게 된다. 중화염방사기는 '중(重)' 이라는 단어가 더해져 있으니 상당히 큰 연료통을 활용할 것이라는 추측을 할 수 있다.

---

32 사람에게 극심한 고통을 주는 무기라는 의미로 붙여진 명칭이다. 이러한 무기 중 하나인 중(重)화염방사기 시스템(TOC / Тяжёлая огнемётная система, Heavy Flamethrower System) 이 우크라이나에서 사용되고 있다.

<화염방사기 운용 모습(22년 11월 13일 러시아 "즈베즈다" TV 영상 캡쳐)>

하지만 다음 사진을 보면 우리가 흔히 생각하는 화염방사기는 아니다. 자주포에 가깝다. 우리가 화염방사기로 번역하는 러시아어 'огнемёт'은 'огонь(불)'과 'метать(던지다)'를 결합한 것으로, 직역하면 '불을 던지는 장비' 정도로 볼 수 있다. '중(重)' 이란 단어를 붙인 것은 T-72 전차 기반으로 개발되어 휴대형보다 구경이 크고 위력 측면에서 더 강하다는 의미다. 그래서 러시아어를 그대로 직역하여 '중화염방사기'로 명명하고 있다. 뒤에 'система(시스템)'이 붙은 것은 발사장치를 탑재한 전차뿐 아니라, 탄약 장전차량과 지휘 및 수송차량이 한 팀으로 운용되기 때문에 '시스템'이라고 부른다.

<중(重)화염방사기, TOC-1(22년 12월 24일 러시아 "채널1" 뉴스 보도)>

중화염방사기 종류와 국제법상 규제

러시아군이 운용하는 화염방사기는 크게 두 가지 종류이다. 휴대형 보병용 화염방사기(다음 왼쪽 사진)는 우리나라의 90mm 무반동총(대전차화기)과 유사하다. 중(重)화염방사기 시스템(다음 오른쪽 사진)은 발사장치를 탑재한 전차, 탄약장전차량 및 지휘·정찰 차량으로 구성된다. 둘 다 가연성 액체 또는 고체를 담은 열압력탄(Thermobaric Bomb)[33]을 적진으로 발사하는 무기다. 다음 오른쪽 사

---

33 폭발시 주변 산소를 활용하여 폭발력이 재래식 포탄보다 강하고 고온이며 폭발압력의 지속시간이 현저히 길다. 미국이 최초로 개발하여 월남에서 사용하였고, 소련이 이어서 개발하여 아프가니스탄과 체첸에서 사용한 바 있다. 우리나라도 열압력탄을 개발하고 있으나 아직 초보수준으로, 소형탄(대전차 무기, 다련장 로켓 및 155mm 포병탄) 위주로 국한되어 있

진의 전차 포탑위치에 있는 담뱃갑처럼 생긴 것이 발사 장치다. 원형 관 안에 가연성물질과 로켓추진체로 채워진 원통형 탄을 장전하여 1발 또는 2발씩 발사할 수 있다.

<휴대형 보병 화염방사기 (구경 90mm)[34]>

<중화염방사기 시스템 발사장치 (구경220mm)>

탄이 폭발하면서 가연성 물질을 급속히 연소시킨다. 폭발시 최고 온도는 3,000℃ 까지 올라간다. 이 과정에서 목표물 주변의 산소가 순식간에 전소되고 급격한 기압 차이를 형성한다. 그 결과 치명적인 화상과 질식, 압력파로 인한 내장기관 손상을 통해 적에게 가혹한 신체적 피해와 심리적 공포를 유발한다.

다. 대형 열압력탄의 위력이 소형 핵무기에 버금가는 점을 들어 북한의 핵 위협에 대한 효과적 대응 차원에서 기술개발 필요성을 제기하고 있다(무기체계, 신영순, 2016, 한국국가전략연구원).

34 사거리 800m~1,700mm, 열압력탄을 사용하고 피해면적은 130m²이다. 중화염방사기 시스템의 발사장치는 24발을 일제히 발사할 경우 40,000m²의 면적에 피해를 발생시킨다.

<열압력탄 폭발 모습(열상장비)>

<열압력탄 폭발 모습(광학 장비)[35]>

서방에서 악마의 무기로 불리는 이유다. 특히 폐쇄된 공간인 동굴, 참호, 장갑차량, 건물에서는 폭발압력에 의한 충격파 피해가 크다. 소련군은 아프가니스탄 산악지역과 체첸의 도시지역에서 상당한 효과를 보기도 했다.

<아프가니스탄 전쟁시 운용(22년 11월 13일 러시아 "즈베즈다" TV 영상 캡쳐)>

35 열압력탄 탄착지점 피해 사진(22년 12월 24일 러시아 "채널1" 뉴스 보도)

러시아는 바로 이 무기를 우크라이나 전쟁에서 사용 중이다. 아래 러시아 뉴스 캡쳐 사진과 같이 도네츠크 지역에서 우크라이나군 방어진지에 사격하는 모습을 보도하였다. 확산탄[36]과 더불어 국제사회로부터 비판을 받고 있는 열압력탄을 사용하고 있음을 러시아도 인정하고 있는 것이다.

<사격훈련 >

<열압력탄이 발사되는 모습>

국제법상 인도적 차원에서 민간인을 대상으로 열압력탄 사용을 금지하고 있다. 하지만 적 부대에 대해서는 금지하는 조항이 없다.[37] 전쟁에서 운용한다는 것 자체로 민간인의 피해가 없을 경우 국제법적 위반사항은 없다. 하지만, 민간인을 대상으로 운용할 경우 포괄적으로 제네바 협약의 민간인 보호 측면에서 범죄행위로 규정할 수 있다. 그래서 서방 여러 국가들은 중화염방사기 시스템

---

36 탄이 폭발하면서 내부의 수개의 자탄이 분리되어 넓은 지역에 대규모 피해를 발생시키는 탄

37 "진공폭탄·핵무기, 국제법이 금지하지 않는다고? …제네바협약." , 이철재, 중앙일보, 2022.3.5.(https://www.joongang.co.kr/article/25053096)

자체가 민간인 뿐 아니라 군인에게도 극심한 피해를 주기 때문에 국제법 테두리에 포함시키는 시도를 하고 있다.[38] 하지만 각국이 특정 무기사용을 금지하는 조약에 가입하지 않는 이상 법적 구속력이 없다. 설령, 열압력탄을 금지하는 국제법이 제정되더라도 가까운 미래에 러시아가 가입할 가능성은 낮아 보인다.

중화염방사기의 위력

러시아는 중화염방사기 시스템이 세계 어느 나라도 보유하지 못한 유일한 무기체계라고 소개한다. 그 위력이 대단하다. 앞의 사진에서 보듯 24발(3x8)을 발사하면 40,000m^2 면적에 피해를 입히게 된다. 즉, 가로 200m, 세로 200m 면적을 쑥대밭으로 만들어 버린다. 북한군 전술에 '유생역량을 소멸'시킨다는 용어가 있는데 이와 같이 살아있는 것은 완전히 사라지게 된다.[39] 서울 월드컵 경기장의 축구장(105m x 68m)을 기준으로 할 때 약 6개 면적에 해당된다.

방어하고 있는 우크라이나 부대에 사용할 경우 어느 정도 피해를 입을까? 우크라이나군도 소련전술을 그대로 사용할 가능성이

---

38 "그들로부터 방어할 수 있는 것은 없다: 미국 전문가가는 러시아의 중화염방사기를 금지하는 것을 제안하였다." 러시아 군사저널, 2021.10.09(https://topwar.ru/190000-ot-nih-net-zaschity-amerikanskij-jekspert-predlozhil-zapretit-rossijskie-tjazhelye-ognemetnye-sistemy.html?ysclid=lc1jpafq95732850199)

39 대부분의 북한군 용어는 러시아 군사용어를 그대로 번역한 수준이다(러시아어: уничтожение живой силы).

높다고 가정할 때 중화염방사기 시스템 1대(24발)가 사격하면 우크라이나군 소대 1/2(50%)을 소멸시킨다.

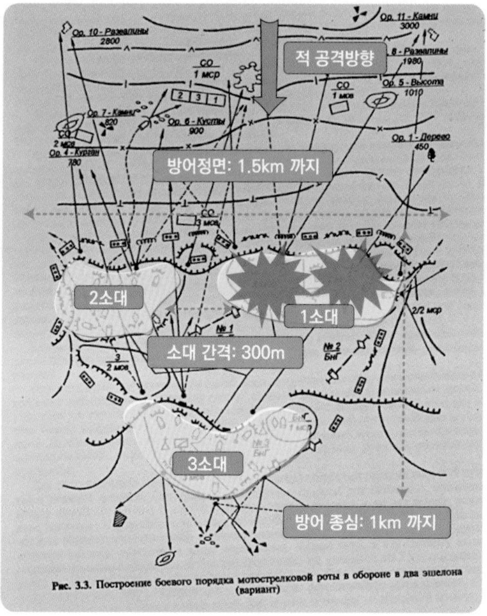

<러시아 기계화보병중대 방어계획(출처 : 러시아 대(중)대 전술, 2011.)>

통상 발사장치 1대에 탄약장전차량 2대가 지원하도록 편성되어 있어 추가로 2회 발사분량의 탄을 기본으로 휴대하고 있다. 즉 24발을 3번 발사할 수 있다. 이 경우 정면 600m, 종심 200m의 소대방어진지 전체가 잿더미가 된다는 결론이 이른다. 중화염방사기 시스템 1개 중대에 3대가 편제되어 있는데, 중대가 일제히 사격할 경우 우크라이나군 중대 방어진지는 초토화 되고 정면 1.5km, 종심 1km의 돌파구가 형성된다. 이는 대대가 더 이상 방어를 지속할 수 없는 수준의 피해를 입는 것이다.

<탄약장전 전차(왼쪽 크레인)에서 1발씩 발사장치로 장전하는 모습>

운용제대와 전술, 종류

그렇다면 이렇게 강력한 무기를 누가 운용할까? 보병? 포병? 둘 다 아니다. 의외로 화생방부대에서 운용한다. 통상 화생방 부대는 전투부대가 아닌 전투지원부대로 분류된다. 우리군도 화생방 정찰, 오염된 지역과 인원제독, 연막작전 등 전투부대를 지원하는 임무를 맡는다. 하지만 러시아군 화생방 부대는 여기에 더해 전선 최전방에서 화력으로 적을 직접 공격하는 부대를 보유하고 있다. 중화염방사기 부대는 군관구 직할부대로 3개 여단과 군관구 예하 제병협동군(Общевойсковая Армия)에 2개 연대가 편성되어 있다. 이와 더불어 독립 화염방사기대대(중화염방사기 시스템과 휴대형 방사기 부대가 혼합 편성)가 제병협동군에 소속되어 있다. 군관구와 제병협동군 예하 부대는 임무에 따라 사령관이 직접 운용할 수도 있으나 독립 화염방사기 대대는 각 사·여단으로 예하 중대를 배속시켜 운용한다. 사거리 400m~6km를 고려하여 결국 최전선 중대급 이하에서 사격 진지를 편성하게 된다. 러시아 군에 배치된 중화염방사기 시스템의 구체적 수량은 알 수 없으나 100대 내외로 운용 중인 것으로 언론에서 보도하고 있다. 남부군관구의 제 29 화생방 여단과 제 49제병협동군(21년 5월 창설) 화생방 연대의 예하 부대들이 우크라이나에서 전투중이다.[40]

중화염방사기 시스템은 적 병력과 장비가 집결된 지역표적을 타격하고 휴대형 화염방사기 부대는 적의 기관총과 유탄발사기 진지, 경(輕)장갑차량, 참호 등을 공격한다. 방어작전에는 주타격 방향에서 사·여단장이 직접 지휘하고, 공격작전에는 군사령관의 지휘에 따라 공격준비타격에 참가하며 공격하는 부대에 직접 화력을 지원한다. 진지변환은 소대 또는 중대단위로 실시한다.

현재 러시아에서 보유하고 있는 중화염방사기는 세 가지 종류이다. 현재 우크라이나에서 운용되고 있는 종류는 TOC - 1A(손체폭)이다. 초기 모델 TOC - 1은 아프간과 체첸전쟁에서 운용되었다. 당시 산악지역에서 운용간 탄약 장전차량이 차륜형이라 지형적 제약을 받아 적시에 탄 보급이 지연되었다. 그래서 개량형인 TOC - 1A는 탄약장전 차량을 궤도형으로 교체하였다. 적 대전차 무기로부터 방호력을 강화하여 발사 장치의 무게가 2톤가량 증가

40 "국방부는 토스 - 1A(손체폭)를 인도받았다. 이는 어디에 유용한가?" (Минобороны получило ТОС - 1А «Солнцепек». На что он способен, https://www.gazeta.ru/army/2022/09/27/15528529.shtml)

하였다. 하지만 육중한 궤도형 장갑으로 인해 기동성이 떨어져 사격 후 진지변환 시간이 지연되었다. 그래서 도시지역에서 신속하게 운용할 수 있는 차륜형 발사 장치 TOC-2가 개발되었다. 전자전 방호 시스템을 갖추고 사격자동시스템 등이 보강되었다. 기동성과 화력, 사거리(정확성)를 거의 두 배 이상 향상시켰다.[41]

<중화염방사기 종류>

구분	TOC-1	TOC-1A	TOC-2
명 칭	부라티노 (Буратино)	손체펵(солнцепек)	토소치카 (тосочка)
뜻	목각인형(피노키오)	햇볕	-
운용시기	1980년 (아프간, 체첸)	2001년 (시리아, 우크라이나)	2020년~ (2027년까지 전력화)
발사장치 / 속도	T-72(전차)기반 / 65km/h	T-90(전차)기반 / 65km/h	차량(Урал) 기반 / 100km
무게	42T	44.3T	20T
탄약 개수 / 구경	30발 / 220mm	24발 / 220mm	18발 / 220mm
피해면적	40,000m^2 *1회 장전/발사시		

41 "한 발이면 거대한 면적을 지옥으로 변하게 한다 : 특별군사작전에서 사용되는 중화염방사기는 어떻게 작동하는 것인가?", 러시아신문, 2022.9.7. (https://rg.ru/2022/09/27/solncepek - budet - zhech - serezno.html?ysclid=lc1ja2bh79231307258)

탄약장전 장치	차륜형(КрА3)	T-72A(전차) 기반 / 39T	없음, 자체 크레인 장착
사거리	400~4,500m	~6km	~15km
승무원	3명	3명	3명

생산 공장의 전통과 우리나라에 주는 함의

중화염방사기를 생산하는 옴스크시(市) 공장에는 한 가지 전통이 있다고 한다. 장비를 생산하여 부대로 보낼 때 어린아이들의 그림과 편지를 함께 보낸다고 한다. 편지의 내용은 군인들의 안전을 기원하고 조국을 든든히 지켜달라는 부탁이다. 우크라이나 전쟁에서 중화염방사기 공격을 받아 고통 속에 죽어가는 군인들의 모습과 너무나도 대조적이다.

앞에서도 언급했지만 초보적인 수준이나마 우리나라도 열압력탄을 개발 중이다. 북한군도 세계 어느 나라보다 더 최근 전쟁을 치밀하게 연구하고 있다. 러시아의 열압력탄이 구 공산권 국가와 이라크에 수출되어 있다고 하는데 이 기술이 북한으로 유입되지 말라는 법도 없다.[42] 또한, 통일 이후에도 우리나라는 러시아와 국경을 맞대고 있을 것이다. 이 모든 상황을 고려하면 먼 나라 우크라이나에서만 사용되는 무기체계가 아닐 수 있다는 것이다. 특

42 TOC-1A는 아제르바이잔에 총 12대, 카자흐스탄에 3대, 이라크에 미상 대수를 수출하였다(https://topwar.ru/60880-kak-rabotaet-ognemet-naya-sistema-solncepek.html?ysclid=lc1j7179o8847902670).

히 중화염방사기 시스템은 지뢰지대 개척에 상당한 효과가 있다고 한다. 한반도에 전쟁이 발생한다면 휴전선 인근 4km 비무장지대의 지뢰지대 개척은 필수적이다. 우리나라도 북한도 상당히 탐낼 수 있는 무기체계다. 여러모로 위협적이면서도 전시에는 상당히 매력 있는 무기인 것 같다.

7

부분동원(Partial Mobilization) (절반의 성공)

> *"바로 오늘, 2022년 9월 21일 부로 부분 동원을 선포합니다! 우크라이나 영토와 러시아 영토로 병합된 지역에 특별군사작전으로 투입 중인 부대를 증원하고 추가적인 부대를 창설하기 위함입니다."*[43]

푸틴 대통령은 대국민 담화를 통해 국방부와 총참모부의 부분동원 건의를 승인한다고 발표했다.[44]

같은 날 대통령의 발표에 이어 세르게이 쇼이구 러시아 국방장

---

43 러시아 대통령궁 홈페이지 러시아 연방 대통령의 대국민 담화 영상에서 발췌하였다(Обращение Президента Российской Федерации. http://www.kremlin.ru/multimedia/video/page/7).

44 푸틴이 공표한 부분동원은 어떤 규칙에 따라 이뤄지는가." , 배더모스티, 2022.9.22.(https://www.vedomosti.ru/politics/articles/2022/09/22/941975 - po - kakim - pravilam - proidet - mobilizatsiya?ysclid=lbkb2x-fjq7575449039)

관이 뉴스 채널을 통해 러시아군 피해에 대해서 밝혔다.[45]

> *"2022년 9월 21일 기준 러시아군은 우크라이나 특별군사작전에서 5,937명이 전사했고, 부상자 90%는 치료 완료 후 부대로 복귀하여 임무수행 중입니다."*

대통령의 부분동원 선포에 대한 어떠한 설명이 필요한 시점이었을 것이다. 지금까지 구체적인 러시아군 피해를 언급하지 않았지만 동원에 대한 명분을 위해 불가피한 일이었을 것으로 판단된다. 그럼에도 불구하고 사망자 수만 공개하고 부상자에 대해서는 언급을 하지 않았다. 쇼이구 장관이 30만 명을 동원한다고 이어서 발표했는데, 최대 30만 명까지는 아니더라도 이에 근접한 상당한 피해(전사 및 부상으로 전투원 상실)가 있었을 것이라 추측된다. 이어서 이번 동원은 러시아 군 예비전력 250만 명 중 단 12% 수준이라고 강조했다. 전세(戰勢)가 그리 심각하지 않다는 의미일 것이다. 하지만, 일부 러시아 독립 언론에 따르면 사망자는 1만 명에 이르고 최소 9만 명 이상이 부상 또는 실종 되었다고 보도하기도 했다.[46] 정확한 피해는 여전히 알 수 없는 상황이다.

쇼이구 장관은 우크라이나 군 피해에 대해서도 언급하였다.

---

45 "러시아는 특수작전에서 5,937명을 잃었다고 쇼이구가 발표하였다", 리아노보스티, 2022.9.21.(https://ria.ru/20220921/poteri-1818333891.html?ysclid=lbkbbaau30589098891)

46 "우크라이나와의 전쟁에서 확인된 러시아의 피해는만명이 넘었다",모스크바타임즈, 2022.12.9.(https://www.moscowtimes.io/2022/12/09/podtverzhdennie-poteri-rossii-v-voine-s-ukrainoi-previsili-10-tisyach-chelovek-a28065)
*모스크바타임즈: 1992년 창간, 독립적인 신문.

202,000명 중 10만 명 이상이 피해를 입었고, 이 중 61,207명 사망, 49,368명이 부상을 입었다고 했다. 이미 서방언론에는 양측 피해 현황이 상당히 보도되었기 때문에 러시아군 수뇌부도 더 이상 감출 수 없었을 것이다. 다만, 사망자는 우크라이나군에 비해 조금 적고 부상자는 구체적 수치를 공개하지 않고서 90%가 부대로 복귀했다고만 언급했다. 부상자 수를 언급하지 않는 이유를 알 수 없지만 우크라이나군 보다 10만 명이나 많은 30만 명을 동원한다는 그 자체로서 러시아군이 고전하고 있다는 사실이 명백해졌다.

부분 동원 발표 이전 8월 25일에 이미 러시아군 정원 증가에 대한 대통령 지시를 하달하였다. 이 지시(대통령 지시 576호)에 따르면 2023년 1월 1일부터 현역 정원이 137,000명 증가 된다.[47]

<러시아군 정원>

구분	~2018년	2023년~	증감
계	1,902,758명	2,039,758명	+137,000명
현 역	1,013,628명	1,150,628명	
기타	889,130명		-

병력 증원 배경은 특별군사작전 상황을 반영한 것이라 볼 수 있다. 지금까지 피해를 보완하기 위해서는 부분동원을, 작전 장기

47 "러시아군 정원에 대한 대통령 지시 No. 575", 2022.8.25(http://www.kremlin.ru/acts/bank/48266)

화에 대비하기 위해서는 편제 증원을 결심한 것이다. 즉, 2023년에도 우크라이나 상황은 지속될 것이라는 판단으로 보인다.

동원령은 여러 기준으로 구분되나 부분 동원이라 함은 동원 범위로 분류할 때, 총동원(總動員)과 구분되는 개념이다. 예비군으로 편성된 전 인원을 소집하는 것이 아니라 일부지역, 특정 직책 또는 특기 등을 고려하여 일부만 소집하는 개념이다.[48] 부분 동원령이 선포되기 전부터 러시아 전역의 병무청 사무소와 각종 홈페이지 및 SNS에는 엄청난 문의가 쇄도하게 된다. '동원', '연기' 등의 검색어만 보더라도 2월 24일 기점으로 조금씩 상승하다가 부분 동원이 선포된 9월 21일을 전후로 최대가 된다. 검색 횟수가 '동원'(мобилизация)은 약 5천만, '연기'(отсрочка)는 150만에 이른다.

48 동원의 목적, 대상자원, 범위, 시기, 형태, 방법에 따라 구분된다(출처 : 야전교범 동원 및 예비군 업무, 2013. 5. 10., 육군본부.).

구분	동원의 분류
동원 목적	관수동원, 군수동원, 민수동원
대상 자원	인원동원(병력, 전시근로소집, 인력동원), 물자동원(산업, 수송, 건설, 정보통신), 기타자원동원(재정금융, WHNS)
동원 범위	총동원, 부분동원
동원 시기	전시동원, 평시동원
동원 형태	정상동원, 긴급동원
동원 방법	공개동원, 비빌동원

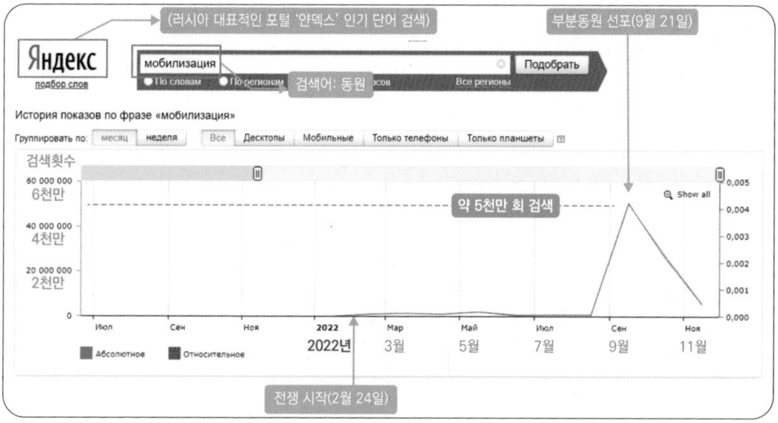

- '동원' 검색 횟수 -

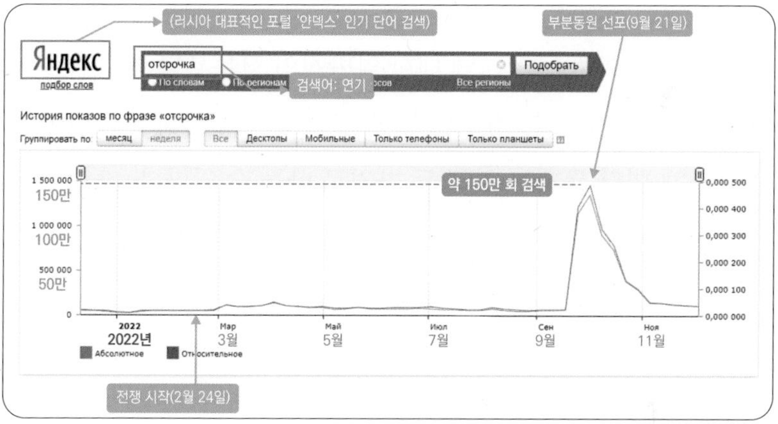

- '연기' 검색 횟수 -

<얀덱스 인기단어 검색 통계자료>

이에 러시아 정부는 무분별한 루머와 부정확한 정보로 야기된 사회 혼란을 수습하기 위해 부분동원에 대해서 소통할 수 있는 홈

페이지를 개설했다.[49] 이 홈페이지에 등록된 질문을 소개하면 다음과 같다.[50]

① 어떤 부류의 사람들이 동원되나요?
② 전투장면을 촬영할 액션캠을 가져가도 되나요?
③ 자신이 직접 구매한 복장과 의료물품은 보상이 되나요?
④ 다음 달에 여행을 가려고 여행사에 비용을 다 지불했는데 환불이 되나요?
⑤ 자원입대하려면 어떻게 해야 하나요?
⑥ 러시아 국적만 입대가 가능한가요?
⑦ 코로나에 확진되면 연기 가능한가요?
⑧ 동원되면 얼마동안 군 복무를 해야 하나요?

*답변: 각주 50번

동원 대상이 누구인지에 대한 일반적인 질문부터 액션캠을 가져가도 되는지를 묻는 경우도 있었다. 그 중에서 러시아 국민이 가장 궁금해 했던 문제는 결국 두 가지로 나눌 수 있다. 누가 동원되는지와 이들에게는 어떤 혜택이 있냐는 것이다.

49 홈페이지 이름 자체가 "설명해 드립니다."이다(https://объясняем.рф).

50 각 질문에 대한 답변 : ① 본문 내용 확인. ② 가능하나, 지휘관의 승인이 있어야 함. 인터넷 유포, SNS 공유 금지. ③ 모든 필요 물품은 제공됨. 별도로 구매한 물품은 보상하지 않음. ④ 여행을 계획 중이거나 여행 중에 입영 통지(연락)를 받은 경우 전액을 보상할 수 없음. 여행사에게는 반납할 수 있는 부분만 환불하거나 변경할 수 있도록 권고함. ⑤ 인터넷 온라인 신청(https://www.gosuslugi.ru/) 또는 인근 병무청 안내를 받을 수 있음 ⑥ 타 국적자 입대 불가. ⑦ 불가. 소집에 응하여 증빙서류를 제출하면 신체검사를 받을 수 있도록 조치(건강검진)하고 그 결과에 따라 임무수행 가능 ⑧ 특별군사작전이 종료된 후 가능. 계약에 의해 근무하는 군인은 특별군사작전이 종료되지 않는 한 자동으로 계약기간 연장.

동원대상자, 제외자 조건

우선, 동원 대상에 대한 질문이다. 러시아인 중 예비역[51]으로 관리되는 자 중에서 우선 징집되는 대상은 35세까지의 부사관, 50세까지의 초급장교(위관), 55세까지의 중견 간부(영관)로 명시하고 있다. 신체검사 등급은 총 5개 등급 중 A, Б등급은 합격, B는 제한적 합격, Г등급은 6개월 연기, Д그룹은 면제된다. 즉, A~B 등급은 동원 대상이다. 특이한 점은 의무복무자의 신체검사 기준에 비해 제한적 합격 'B' 등급에서 연기를 금지하고 있다. 즉, 동원대상이 증가되는 것이다. 군사특기로 볼 때 소총병, 전차병, 포병, 운전병, 정비병이 우선 소집된다.

<신체검사 결과에 따른 동원 여부>

등급	동원 여부	등급	동원 여부
A	합격	Г	6개월 연기
Б	조건부 합격 (신체적 큰 제한사항 없음)	Д	면제
B	제한적 합격 (의무복무로 인한 연기 제한, 동원 대상)	-	-

51 예비역은 군 복무(의무 또는 계약에 의한 근무) 이후에 유사시 동원되는 대상으로 평시부터 각 지역 병무청에 지정된 인원이다. 퇴역은 동원 대상자에서 완전히 제외되는 개념으로 구분하여 이해할 수 있다.

동원령 선포일 기준으로 의무복무중인 군인[52]은 특별군사작전에 투입되지 않는다. 의무복무자에게 특별군사작전 투입을 강요하면 군법에 회부된다고 명시하고 있다. 하지만 3개월 이상 복무 중인 의무복무자가 본인의 희망에 의해서 특별군사작전에 참여하고자 한다면 계약에 의한 군 복무자로 전환된 후 작전에 투입될 수 있다.

반대로 생각하면 누가 제외되는지인데, 이 또한 질문 횟수가 많았다. 아래에 면제되는 사례를 요약하였다. 주로 부양가족이 있거나 연령 초과자가 대부분 제외된다.

- *전쟁수행을 위해 동원되는 기업 또는 기관에서 일하는 국민*
- *신체등급 불합격자(신체검사 결과 'Д' 그룹에 속한 자)*
- *가족 구성원 중, 장애인(1급)이 있고 이를 돌볼 가족이 없는 자*
- *미성년 형제, 자매를 돌봐야하는 자(돌볼 수 있는 가족 구성원이 없을 경우)*
- *16세 이하 4자녀 이상을 양육하는 자*
- *아내 없이 1명 이상의 16세 이하 자녀를 양육하는 자*
- *여성의 경우[53] 16세 이하의 한 자녀 이상을 양육하는 자와 임신 22주차 이상인 자*
- *아내가 임신 22주차 이상이고, 16세 이하 자녀 3명을 두고 있는 자*
- *4명 이상의 8세 이하 자녀를, 아버지 없이 양육하는 어머니를 둔 동원 대상자*
- *소집 대상 연령 경과자 : 병/부사관 - 50세 초과, 초급장교 - 60세 초과, 중견급 장교 -65세 초과*
- *대학 재학 중인 자[54]*

---

52 러시아 군 의무복무 기간은 12개월이고, 일 년에 두 번 징집하는데 통상 6월, 12월에 실시한다. 6개월 단위로 동기이고 두 계급만 존재한다.[Рядовой(리다보이) : 이병~일병, Ефрейтор(예프레이토르) : 상병~병장]

53 여성의 경우, 최초에는 소집을 한다고 발표하였으나 최종적으로 여성은 동원하지 않는 것으로 정정하였다.

54 국립대학생만 대상이었으나 사립대의 이의 제기로 사립대 학생도 제외

연기할 수 있는 대상은 외국에 유학중이거나 6개월 이상 해외에 체류할 목적으로 출국한 자이다. 동원령 선포 후 러시아 국경에 사람들이 붐비고 소란스러웠던 이유를 알 수 있는 대목이다. 외국 언론들은 그루지아와 핀란드 국경 근처 도로에 길게 늘어선 차량 행렬을 집중적으로 보도하기도 했다.

마지막으로 소집통보를 받았지만 소집될 수 없는 사유를 제출할 경우 연기 또는 면제되는 경우이다.

- 질병과 불구로 노동능력 상실
- 부, 모, 아내, 남편, 자녀, 형제, 자매 조부모 또는 입양자의 건강상태 악화 또는 이들의 장례식 참석
- 불가항력적인 결과로 인한 응소 제한 또는 천재지변
- 기타 사항은 위원회에서 심의
** 위 사항에 대해 문서상 증빙서류를 제출해야 함*
** 위 사유가 종료되면 추가적인 소집이 없어도 병무청에 출석해야 함*

동원된 군인과 가족의 혜택

동원된 군인과 그 가족들은 어떠한 경제적 혜택을 받을까? 먼저, 동원된 군인의 봉급인데, 병사는 19만 5천 루블, 중위는 22만 5천 루블로 책정되었다. 1루블에 20.7원(22년 12월 13일 기준)으로 계산했을 때, 병사는 403만원, 중위는 465만원 상당이다. 2022년

되었다(대통령 지시 No. 664, 2022.9.24).

러시아군인 평균 급여가 116만원임을 고려할 때 약 4배의 급여를 받는 셈이다. 더구나 세금 면제 혜택도 명시되어 있는데, 병사는 급여의 75%, 간부는 60%가 면제된다.[55] 2022년 러시아인 최소 생계비용(월) 13,919루블(28만 8천원)을 고려하더라도 금전적인 인센티브를 상당히 부여한 것으로 이해할 수 있다.[56] 마지막으로 특별군사작전에서 부상을 당할 경우 300만 루블(6,200만원)을, 전사했을 경우 500만 루블(1억 300만원)을 보상한다.[57]

동원된 군인들 가족들에게도 다양한 사회적 지원을 약속하였다. 군인의 배우자는 국가기관이나 군부대에서 일자리를 얻을 수 있고, 이 기관에서 근무원을 감축할 때, 그 대상에서 제외 된다. 가족들은 각종 국가기관에서 운영하는 휴양시설을 무상으로 이용할 수 있다. 자녀들에게는 가족들이 거주하고 있는 지역의 교육기

55 참고로 2021년 러시아군 평균 급여는 80만 원 이었다. 2022년 물가 상승률과 우크라이나 전쟁에 참전한 군인들의 급여 상승분을 반영하여 2021년에 비해 36만원이 오른 것이다["군인의 평균 봉급이 우크라이나에서의 특별군사작전으로 인해 32% 증가될 것이다", 코메르산트, 2022.10.24.(https://www.kommersant.ru/doc/5632378)].

56 러시아 연방법 최저생계비에 관한 법률 4조에 명시(https://iz.ru/1436059/2022 - 12 - 05/putin - podpisal - zakon - o - prozhitochnom - minimume - v - razmere - 14 - 375 - rub - na - sleduiushchii - god, Федеральный закон от 05.12.2022 № 470 - ФЗ "О приостановлении действия отдельных положений статьи 4 Федерального закона "О прожиточном минимуме в Российской Федерации")

57 "러시아 대부분의 지역에서 우크라이나 특별군사작전에서 전사 또는 부상입은 군인에게 추가적인 보상금을 지불했다", 안나 나라예바·예카테리나 그로브만, 베더모스터, 2022.6.13.(https://www.vedomosti.ru/society/articles/2022/06/14/926308-dopolnitelnie-viplati-dlya-pogibshih)

관 및 여름 캠프에 우선적으로 배정된다. 임무수행 중 전사하여 가족이 타 지역으로 이사 갈 때에는 20톤의 철도 화물 및 철도가 없는 경우 항공기를 제외한 교통수단이 지원된다. 법률 자문이 필요할 경우, 군 사법기관이 무료로 지원하도록 조치했다.

부분동원 결과와 도출된 문제점

2022년 10월 28일 국방장관은 대통령에게 부분동원 종료 보고를 했다. 9월 21일부터 시작되어 37일 만에 종료되었다. 30만 명에서 8만 명이 모자란 22만 명을 동원했고, 평균 연령은 35세였다. 이 후로는 자발적으로 참전을 원하거나 계약에 의한 군 복무를 희망하는 자에 한해 모집이 이뤄질 것이라 덧붙였다.[58]

국민들과 직접 소통함에도 불구하고 동원되는 과정에서 각종 시행착오가 발생하였다. 정부에서는 오랜만에 동원을 실시했기 때문에 당연히 일어날 수 있었던 일이라고 언급했다. 만성질병으로 치료중인 자, 징집 연령 초과자, 부양가족으로 인해 제외 기준을 충족하는 자, 대학생 등이 착오로 소집되어 동원 집행에 대한 국민적 신뢰가 무너지는 계기가 되었다. 전국적으로 이의 제기가 쏟아지자 푸틴 대통령은 직접 검찰총장에게 지체 없이 대응할 것을 지시하였다. 각 지방정부 수장들도 일제히 착오로 소집된 자들

58 "쇼이구는 부분동원 종료를 선포하였다.", 리아노보스티, 22. 10. 28. (https://ria.ru/20221028/mobilizatsiya-1827597624.html)

을 식별하여 귀가조치 하는데 전 행정력을 투입하게 되었다. 이는 지방 병무청과 예비전력 관리를 맡고 있는 일선 기관의 평시 자원 관리 분야에 허점이 여실히 드러난 것이다.

지금 당장 우리나라에서 동원령이 선포되면 어떤 모습일까? 타국 영토에서 전쟁 중인 러시아보다 더 긴박한 상황이 전개될 가능성이 높다. 러시아의 부분동원 사례를 통해 세계 어느 나라보다 동원체계가 탄탄해야 할 우리나라 동원 시스템을 되짚어보면 좋겠다. 특히, 국민의 알 권리 차원에서도 지역예비군 훈련과 동원 훈련간 전시 소집절차, 임무, 보상 등에 있어 교육할 수 있는 시간을 반드시 편성해야 한다. 또한 자원관리 부대에서는 예비군의 신상변동을 적시에 반영하여 오늘 당장 동원령이 선포될 것에 대비하는 철저한 마음가짐과 업무자세가 필요하다.

8

‘특별군사작전’ 용어에 숨겨진 3가지 의미

갑자기 ‘특별군사작전’? ‘전쟁’이 아니고? 타국인 우크라이나 영토에 침입했으면 ‘전쟁’으로 봐야 되는 것 아닌가? 여러가지 의문이 들었다. 왜 러시아는 우크라이나 영토를 침범하면서 ‘특별군사작전’이라는 용어를 사용했을까? 전쟁이 시작된지 1년 반이 지난 시점에서 이 용어에 숨겨진 엄청난 의미를 깨닫게 되었다.

러시아어로 특별군사작전은 ‘Специальная Военная Операция (영어로는 Special Military Operation)’로 적는다. 통상 각 단어의 첫 글자로만 줄여서 ‘CBO’라고 쓰고 읽는다. 그리고 각 단어를 조금씩 변형하여 은밀하게 특별한 군사작전의 의미를 포함시켰다. 총 3가지 의미다. 첫째로는 ‘특별군사작전’ 용어의 첫 단어 ‘특별(Специальная/Special)’을 사용하였다. 두번째로는 첫 단어를 변형하여 ‘성스러운(Священная/sacred)’이라는 형용사를 써서 ‘성전(聖戰)’의 의미를 포함시켰다. 마지막으로는 가운데 단어를 변형하여

'물(Водная/water)'이라고 하면서 '특별수로작전'이라는 의미를 더했다. 즉, 'CBO'라고 할 때는 특별군사작전, 성전(聖戰) 그리고 특별수로작전의 세 가지 의미를 숨겨둔 것이다. 순서대로 좀 더 자세히 살펴보자.

<특별군사작전 약어인 CBO의 3가지 의미>

구분	러시아어(한국어)	영어
CBO	1. Специальная Военная Операция (특별군사작전)	Special Military Operation
	2. Священная Военная Операция (성스러운 군사작전(聖戰))	Sacred Military Operation
	3. Специальная Военная Операция (수전, 水戰/ 특별수로(확보) 작전)	Special Water Operation

첫 번째 의미는 특별군사작전(Специальная Военная Операция)이다. 공식 용어 그대로다. 전쟁이 아님을 강조하기 위함으로 보인다. 전쟁을 한다는 것은 국제사회의 비난과 각종 제재를 한 몸에 받아야 한다. 그리고 침략을 당하는 국가에 대한 타국의 경제적, 군사적 지원이 국제사회 차원에서 대대적으로 이뤄질 수 있다. 그래서 저강도의 '특별군사작전'이라는 '용어 혼란 전술'을 사용한 것이다.

또한, 러시아는 우크라이나를 타국 영토로 보지 않는다는 것을 엿볼 수 있다. 과거 소련시절 하나의 공화국으로서 여전히 자신들의 영향력이 미치는 나라로 여긴다. 돈바스 지역 인구 구성을 보면 러시아인이 약 40% 수준이다.[59] 그래서 '국가'에 의미를 두기보다는 '민족'이라는 것에 초점을 맞추고 있다. 그래서 같은 민족에게 해를 가하는 '우크라이나 민족'은 그냥 둘 수 없다는 것이다. 자민족 보호차원에서 무력을 사용할 수 있다는 명분을 찾은 것이다. 그래서 타국과의 '전쟁'이 아니라 자신의 영토 일부로 여기는 지역에 같은 민족이 거주하는 돈바스로 진입하여 치안을 확립한다는 '계엄'의 의미로 '특별군사작전'이라 명명한 것이다.

이처럼 러시아는 나토와 미군의 개입 최소화와 전쟁의 명분을 얻기 위해 '전쟁'이라는 단어를 '특별군사작전'이라는 용어를 사용하여 무력사용의 강도를 축소하고 '자민족' 보호라는 명분 아래 침략을 정당화한다.

두 번째는 성전(聖戰)의 의미로 'Священная Военная Операция'다. 첫 단어가 '성스러운'이라는 뜻이다. 양국은 동방정교 국가로서 모스크바의 키릴 총대주교가 전 세계 동방정교를 대표한다. 하지만, 우크라이나 정교회는 모스크바의 통제를 벗어나 별도의 분파를 형성하였다. 정치·외교적 단절과 대립이 종교적 분야까지 영향을 미친 것이다. 러시아 입장에서는 정통 동방정교에서 벗어난 '이단' 우크라이나 정교회를 특별군사작전을 통해 '징벌'한다고 여긴다. 그래서 성스러운 군사작전이라 일컫는다.

또한, 서방의 자유민주주의에 기반한 '가치 동맹'에 대항하여

---

59 "돈바스 주민들의 민족 정체성 변화", 키릴 발레리예비치, 도네츠크국립대학역사학부, 2017.2.20.(https://politinform.su/69683-dinamika-etnicheskoy-samoidentifikacii-zhiteley-donbassa-20142016.html)

종교를 끌어들였다. 이미 제2장에서 군과 정교의 관계를 설명하면서 언급했지만, 러시아 국민 70%가 자신을 정교 신자라고 여긴다. 소련이 붕괴되던 80년대 말부터 공산주의 이데올로기는 전 국민을 강하게 통합시키고 통제하던 그 수명을 다 했다. 이 빈자리를 정교가 차지하게 된 것이다. '자유민주주의' 가치에 정면 도전하기 위해 정교로 무장된 '십자군'이 '이교도(정교의 신앙을 버린)' 우크라이나를 징벌한다는 종교적 신념을 불러일으키는 것이 필요했다.

마지막으로, 수전(水戰)의 이미로 'Специальная Водная Операция'다. 가운데 단어가 '물(水)의'라는 뜻이다. 좀 더 자세히 설명하면 농업 및 공업 용수 확보를 포함하여 관개시설 전체를 장악하기 위한 특별군사작전이라는 것을 의미한다. 그래서 '특별수로(확보) 작전'으로 쓸 수 있다. 2023년 6일 23일, 우크라이나의 카호프카 댐(수력발전소)이 폭파되었다. 양측은 서로의 소행이라고 주장하나 진실은 종전 후에도 밝혀지기 어려울 것으로 보인다.

우크라이나 남부와 동부 지역 일부, 그리고 크림반도 내륙지역(흑해 연안 제외)은 건조한 스텝지역이다. 비옥한 흑토 농업지역과 돈바스 공업지대 용수 공급이 필수적이다. 만성적인 물 부족 문제를 해결하기 위해 드네프르강과 돈강 수원을 활용하여 총 12개의 관개시설(댐, 수로)을 1930년대부터 구축하였다.[60]

---

60 "특별수로작전", 세르게이 쿠지야로프, 엑스페르트지, 2023. 6. 12.(https://expert.ru/expert/2023/24/spetsialnaya-vodnaya-operatsiya/)

<언덕에서 바라본 내륙 스텝지역>

<내륙 스텝지역 들판>

특히, 크림반도는 물 부족 문제가 더 심각하다. 2014년 러시아에 병합되기 전부터 우크라이나 정부의 소극적인 물 문제 해결에 큰 불만을 품고 있었다. 이것을 지역차별이라 여기고 있었다. 더구나 2014년 크림반도가 러시아로 병합된 후에는 드네프르강 수원을 이용하여 전 반도에 공급되던 '북크림 수로'가 우크라이나 정부에 의해서 막혔다. 러시아 입장에서는 크림반도와 돈바스 지역의 안정적인 물 공급을 위해서라도 우크라이나 영토 남부 지역의 관개 시설 확보가 필수적이었다. 우크라이나 남부지역이 크림반도와 연결되는 육로로서의 의미와 더불어 안정적 물 공급 차원에서도 러시아에게 꼭 필요한 지역이다. 그래서 '특별 물 확보 작전'의 의미도 있다.

러시아로 병합된 돈바스 지역과 크림반도에서 물 부족 문제 해결은 이 지역에서 러시아의 영향력을 지속적으로 유지할 수 있을 것인지 여부에 큰 영향을 미친다. 우크라이나에 소속되어 있을 때와 비교하여 민생 향상과 산업 활성화에 성과가 없다면 병합된 영토를 영구적으로 러시아 영토화 하는데 큰 걸림돌이 될 것이기 때문이다.

한국전쟁이 '남침'인지, '북침'인지 용어를 혼란스럽게 하여 우리의 올바른 역사적 기억을 훼손하는 '용어혼란전술'은 종북(친북)세력이 주로 사용하고 있다. 주어에 따라 그 의미가 완전히 달라진다. 언어를 통해 인식에 영향을 미쳐 기존의 사실을 혼란스럽게 한다. 결과적으로는 용어 혼란을 통해 자신들에게 유리한 쪽으로 다수를 세뇌시키는 것이다.

러시아도 이런 의도가 다분하다. 'CBO'에 숨겨진 의미는 국가이익 관철이라는 명목하에 전쟁 수행 의도를 압축한 것이고 이를 통해 명분과 실리, 그리고 국민적 지지를 얻겠다는 전쟁지도부의 강력한 의지다.

9

러시아-우크라이나 전쟁은 언제쯤 끝이 날까요?(러시아가 전쟁을 멈출 조건)

궁금하다. 전쟁이 언제 끝날지. 아마도 전세계 수많은 사람들이 궁금해 할 것이다. 전쟁은 또 다른 정치의 수단이라고 하지만, 인간의 생명을 앗아 간다는 것 자체만으로도 빨리 끝내야 한다. 전쟁이 일어나기 전부터 지인들의 FAQ(자주 하는 질문)는 러시아가 전쟁을 일으킬지, 그리고 발발 후에는 언제 끝날지였다. 정말 어려운 질문이다. 굉장히 복잡한 이유가 있고, 예상치 못한 사건도 큰 영향을 미칠 수 있음을 전쟁사를 통해 알 수 있다.

만나는 분들마다 동일한 질문이 계속되었다. 그래서 제대로 된 답변을 준비해 보기로 마음먹었다. 하지만 시간만 흐르고 일이 손에 잡히지 않았다. 대한민국 장교이자 러시아에서 공부할 수 있는 혜택을 누린 국민의 한 사람으로서 반드시 해야 할 일이라고 굉장한 '셀프 동기부여'를 해야지만 착수할 수 있는 문제였다. 미래를 보는 눈이 있는 것도 아니고, 혹여나 예상이 빗나갈 경우의 민망함도 감수해야하기 때문이다. 하지만 이러한 시도를 해 보았다는 것에 의미를 두기로 했다.

전쟁이 이미 시작되었기에 언제 끝날지만 다루면 되니 부담이 50%가 줄었다. 논리적으로 타당한 예측을 위해 어떠한 근거를 들어야 할지 오랫동안 고민하였다. 그러다가 미군이 군사작전에 필요한 방책(계획)을 수립할 때 활용하는 분석 방법을 적용해 보기로 했다. 'PMESII' 요소인데, 정치(P), 군사(M), 경제(E), 사회(S), 정보(I), 기반시설(I)의 앞글자를 따서 만든 용어다. 각각의 요소를 분석하고, 요소들의 상관관계를 고려하여 종합적으로 군사작전을 계획할 수 있도록 고안된 분석 툴(Tool)이다. 바로 이 분석 툴을 활용하여 각 요소별로 러시아군의 작전 지속 여부를 분석해 볼 것이다.

성공 확률이 높은 계획을 수립하기 위해서는 전문가들의 심도 있는 논의가 필요하다. 그래서 이 글에서는 정치, 경제, 사회, 정보 및 기반시설에 대해서는 개략적으로 살펴보고 군사분야는 좀 더 자세히 분석해 보고자 한다. 즉, 군사측면에서 언제 전쟁이 끝날것인지 예측해 보는 것이다.

우선, 군사분야를 제외한 요소를 간략히 살펴보자. 정치(Politics) 분야에서는 러시아 정치 지도부의 특별군사작전 수행 의지가 확고하다. 목표는 친러지역인 돈바스 병합과 우크라이나의 나토 가입 저지이다. 또한, 국제적으로는 미국 일변도의 세계 질서에 대항할 수 있는 다극체제를 형성하는 것이다. 즉, 우크라이나가 나토에 가입하지 않고 주민 투표 결과 러시아 영토로 병합된 돈바스지역이 안정화 될 때까지 장기전을 염두에 두고 있다.

경제(Economy)분야에서도 대리제재가 치명적이지는 않아 보인다. 가스와 석유 가격이 폭락했지만 곧 전쟁 이전 수준으로 회복되었고, 대러 제재에 동참하지 않는 국가들이 러시아산 지하자원을 열심히 구매해 주고 있다. 오히려 유럽의 식량, 에너지 안보가 더 위태로운 수준이다. 아직은 러시아 영토 내에서 전투를 치르지 않고 있기에 군사작전 지원 능력은 지속적으로 발휘가 가능할 것이다. 경제분야에서도 가까운 미래에 특별군사작전을 중지해야 할 만한 위기가 발생할 가능성은 낮다고 본다.

하지만, 한 가지 참고할 부분이 있다. 러시아 재정부가 작성한 2022년~2023년 예산정책 기본 방향[1]에서 아래와 같이 러시아 국방예산을 공개하고 있다.[2] 이러한 예산 편성만을 고려하여 조심스럽게 예측해 보면, 2024년 내에는 종전을 할 것으로 보인다.

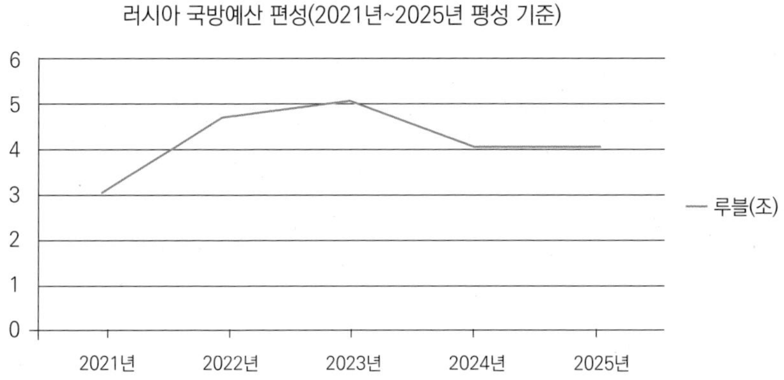

1 Основные направления бюджетной, налоговой и таможенно-тарифной политики на 2023-2025 годы.

2 "2022년 년 러시아의 국방예산 집행은 30% 증가하였다.", 세르게이 민가조프, 포브스, 2022.9.23. (https://www.forbes.ru/finansy/477887-rashody-budzeta-rossii-po-stat-e-nacional-naa-oborona-v-2022-godu-vyrosli-na-tret)

왜냐하면 러시아 국방예산은 2023년에 정점(5조 루블)을 찍는다. 이후에는 감소세를 보인다. 2022년 한 해 동안 특별군사작전에 따른 추가적인 예산은 1.2조 루블(180억~200억 달러)로 밝히고 있는데, 더 증액 또는 유지를 하지 않을 것으로 판단하는 것은 아마도 전쟁을 마무리한다는 의도가 있지 않을까? 하지만 언제나 '추경'이라는 카드가 있기에 예산편성만으로 종전을 단정짓기에는 무리가 있으나 참고는 할 수 있다.

사회(Society)분야는 러시아 국민의 특별군사작전 지지도를 통해 알 수 있다. 2023년 1월에 실시한 여론조사에서 국민의 68%가 특별군사 작전을 지지하고 있다.[3]

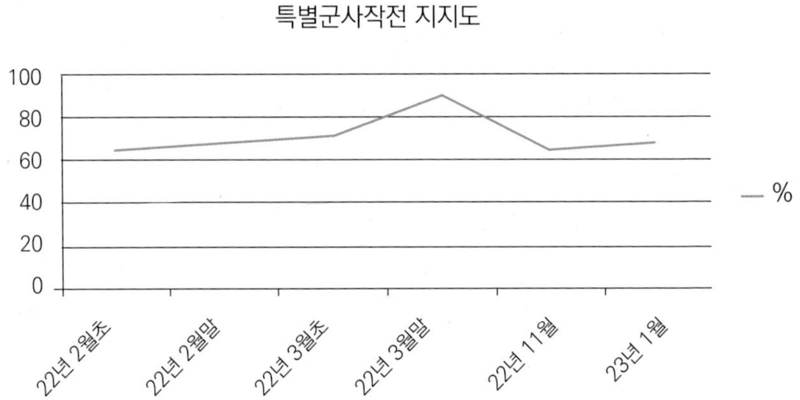

<여론조사 결과는 월까지만 표시>

3 국영 러시아 여론 연구센터 '브치옴'에서 유무선 전화로 7일간 무작위 선정된 18세 이상 러시아 국민 11,200명을 조사한 결과(https://wciom.ru/analytical-reviews/analiticheskii-obzor/armija-i-obshchestvo-na-fone-specialnoi-voennoi-operacii?ysclid=le6q1r4uhi661658458)

더욱이 군을 지지하는 국민이 78.1%였다. 78%가 어느 수준인지 우리나라 군 지지도를 찾아보았는데, 2021년 기준으로 56%였다.[4] 이와 비교하면 러시아 군 지지도가 상당히 높은 편이다.[5]

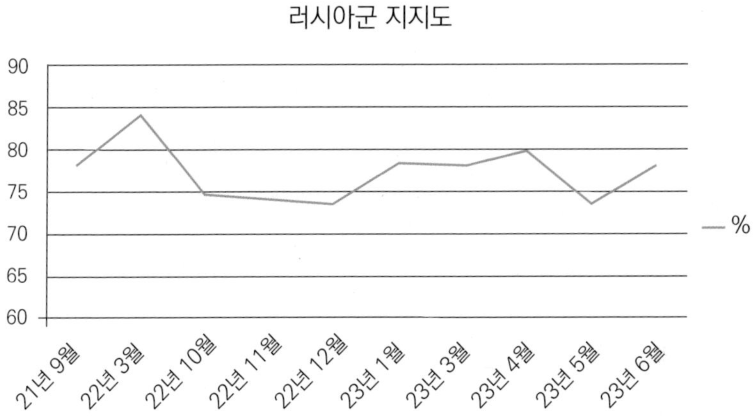

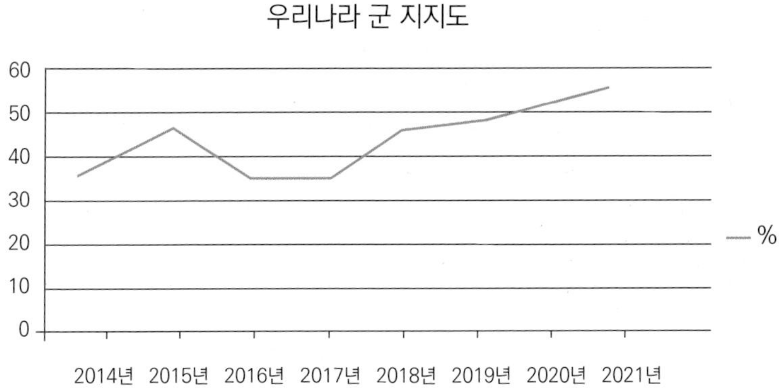

4 한국행정연구원, 사회통합실태조사(https://www.kipa.re.kr/site/kipa/research/selectReList.do?seSubCode=BIZ017A001)

5 브치옴(https://wciom.ru/ratings/dejatelnost-obshchestvennykh-institutov/)

최근 바그너 그룹의 반란 영향으로 러시아 국민들의 군 지지도는 영향을 받지 않은 것으로 보이나, 특별군사작전에 대한 국민의 인식은 부정적으로 바뀌고 있음을 추측할 수 있다. 러시아의 대표적인 여론 조사기관인 '브치옴'과 '네바다 센터'에서는 23년 1월 이후 군사작전 지지도 조사 결과를 발표하지 않았지만, 프리고진 반란의 이유를 러시아군의 무능과 국방부-바그너 그룹 내부 분쟁, 관료주의로 생각하는 비율이 42%인 것이 그 이유이다.[6]

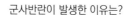

군사반란이 발생한 이유는?

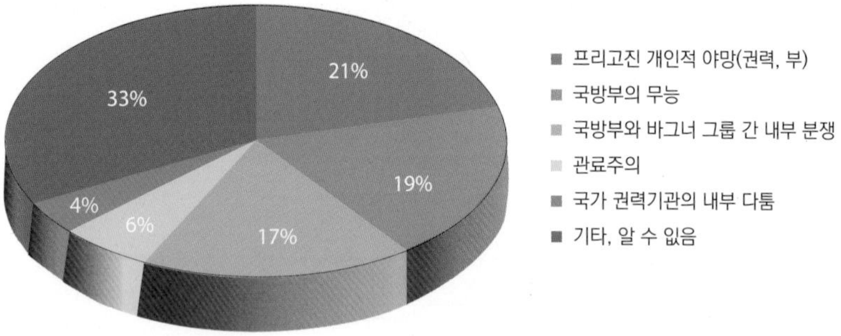

또한, 프리고진이 국방부의 무능을 노골적으로 비판하고 있는데, 이에 대해서 러시아 국민들 46%가 근거 있다고 답변했다.[7]

6 비영리 민간 여론조사 기관 네바다 센터 통계자료 참고(https://www.levada.ru/nopisanie/o-tsentre/)

7 네바다 센터(https://www.levada.ru)

프리고진의 국방부 비판 근거의 신빙성

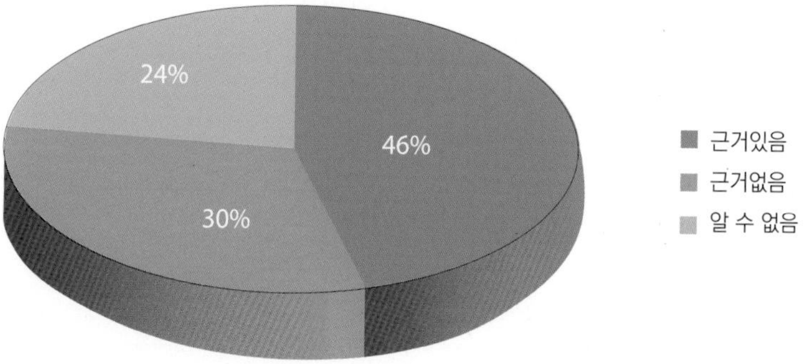

그래서 특별군사작전의 기여도 측면에서도 바그너 그룹이 상당히 기여하고 있다고 러시아 국민 65%가 응답하였다.

바그너 그룹의 특별군사작전 기여도

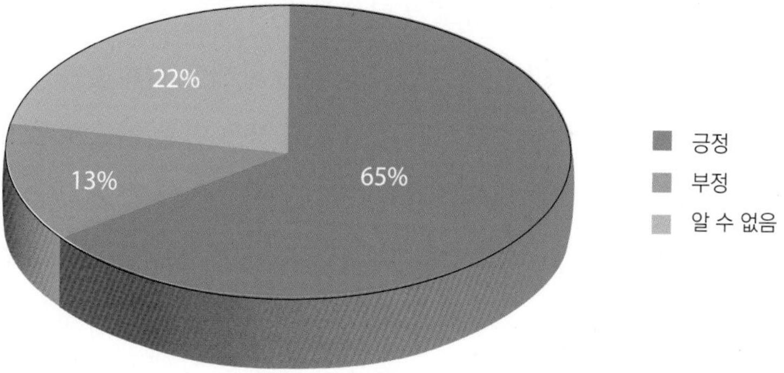

마지막으로 푸틴대통령의 지지도를 보면, 프리고진 사태(6월 4주차) 이후 미미한 감소 경향이 시작되었으나 좀 더 추이를 살펴 볼

필요가 있다. 그럼에도 불구하고 2023년 7월 1주차 기준(프리고진 사태 이후) 여전히 73.6%의 국민이 지지하고 있다.[8]

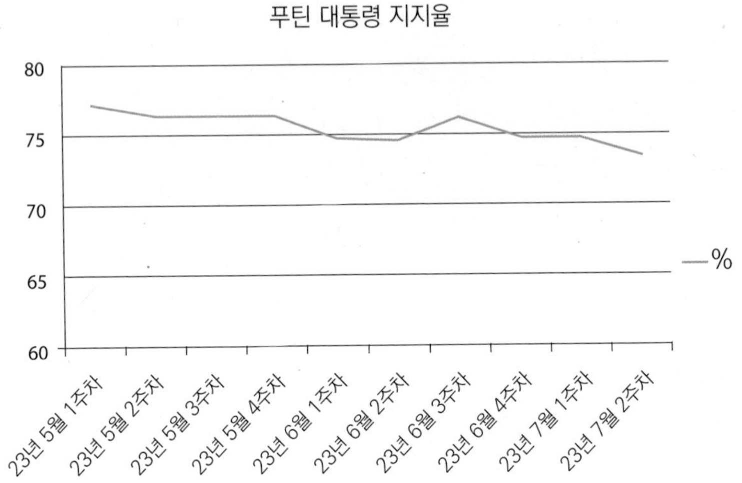

군과 특별군사작전, 그리고 푸틴대통령의 국민 지지도를 종합적으로 고려해 볼 때, 러시아 본토에 심각한 피해를 입히는 우크라이나 군의 공격이 없다는 전제하에 군사작전을 멈출 것으로 보이지 않는다.

정보(Infomation)분야도 특별군사작전을 중지할 만한 치명적인 약점이 없다고 본다. 독자적인 위성항법시스템인 글로나스를 운용하고 있으며, 현재까지도 우주공간의 패권을 다투고 있는 우주강국이 아닌가? 우주에서 공용어가 러시아어인 것을 보아도 알 수

8 브치옴 센터 통계자료(https://wciom.ru)

있다. 나토와 민간 기업(일론 머스크, 스타링크)들이 정보분야에서 우크라이나의 군사작전을 지원하고 있기에 1년 이상 전쟁이 지속되고 있다고 생각한다. 서방의 지원 없이는 지금과 같은 우크라이나 군의 선전을 기대할 수 없었을 것이다.

마지막으로 기반시설(Infrastructure)분야이다. 전쟁수행 측면에서 지속여부를 판단할 수 있는 중요한 잣대이기도 하다. 이는 경제활동을 뒷받침 할 수 있는 시설로서 에너지, 교통, 급수, 통신 등을 의미한다. 앞에서 언급했지만, 러시아 영토에서 전쟁을 치르지 않기에 지금까지는 별다른 큰 피해가 없었다. 가까운 미래에도 나토의 지원을 받는 우크라이나와의 전쟁에서는 국가 기반시설에 심각한 타격을 입을 가능성은 낮을 것으로 판단된다. 러시아 본토에 서방에서 지원받은 미사일이나 항공 폭격이 가해질 경우 러시아는 핵무기 사용도 배제하지 않을 것이라 경고하고 있다. 즉, 3차 세계대전을 각오해야 한다는 위험을 감수하기에는 예상되는 피해가 너무 크다.

이제, 군사(Military)분야다. 사실, 위에서 살펴본 다른 요소들에서 가까운 미래에 군사작전을 멈춰야 할 이유를 찾지 못했다. 그래서 군사적 측면의 분석 결과가 전쟁지속의 결정적 요인으로 작용하는지 여부를 알 수 있을 것이다. 즉, 러시아군은 전쟁을 지속할 수 있는 상태인지, 정치지도부의 지시에 의해 군사작전 임무를 수행할 수 있는지를 중점적으로 살펴볼 것이다.

러시아 지휘참모대학 강의에서와 러시아 군사백과사전에는 군이 임무수행 불가한 지표 5가지를 제시하고 있다. 다음 표와 같이 양적, 질적 지표 수준이 낮아지면 군이 정상적인 임무를 수행할 수 없게 된다고 명시하고 있다. 즉, 아래 지표를 기준으로 현재 러시아군의 상태를 확인해 봤을때, 수준에 미달되는 지표가 다수 생겨난다면 러시아는 군사작전 중지를 심각하게 고민할 수도 있다.

<군 임무수행 불가 지표>

지표	군(부대)의 임무수행 불가 수준
1. 병력 충원율	70% 이하
2. 무기 및 장비의 현대화	60% 이하
3. 지속지원 (식량, 탄약, 정비, 보급, 의료 등 보급품)	85% 이하
4. 장병 교육훈련 성취도	60% 이하
5. 군에 대한 국민의 신뢰도	40% 이하

먼저, 각 지표가 무엇을 의미하는지 간략히 살펴보고, 하나씩 세부적으로 평가해 보고자 한다. 우선, 병력 충원율이 70% 이하로 내려가면 제대별로 부여된 임무수행이 어렵고 편제된 장비를 운용할 수 없게 되어 전투력 상실에 이른다. 두 번째, 부대에서 운용하고 있는 신형 무기와 장비 비율이 60% 이하로 내려갈 때 기술적인 지체현상이 발생하여 요구되는 전투력을 발휘할 수 없다. 세 번째, 식량, 탄약, 보급, 정비, 의료 등을 포함한 작전지속지원 분야가 85% 이하일 경우 개인과 부대의 건강, 위생 상태가 악화되고 이의 결과로 사기가 저하되어 임무수행이 어렵게 된다. 네 번째, 개인의 군사교육 성취도가 60% 이하일 경우 전투기량 발휘 수준

이 저하되어 제 임무를 수행할 수 없게 된다. 마지막으로 군에 대한 국민의 신뢰도가 40% 이하일 경우, 군의 사기 저하는 물론, 예산지원, 병력 충원, 복무여건 측면 전반에서 군이 부여된 임무를 완수할 수 없다.

병력 충원율, 70% 이하인가?

각 지표별로 현재 러시아 군 상태를 살펴보자. 푸틴 대통령이 참석한 국방부 회의에서 국방장관 쇼이구는 2021년 12월 기준, 병력 충원율이 91.7% 라고 발표했다.[9] 그리고 2022년 부분동원으로 약 20만 명을 충원했기에 전투에서 입은 손실은 그대로 보충했으리라 생각된다. 즉 2년 전 발표한 자료지만 병력 충원율이 70% 이하로 내려가지 않았음을 추측할 수 있다. 그리고 러시아 군 전체를 우크라이나와의 전쟁에 투입하지 않았다. 여전히 일부 병력만 투입한 실정이다. 또한, 러시아 내 부분동원뿐 아니라 러시아 영토로 병합된 돈바스 지역에서도 79,800명이 동원되었음을 밝혔다.[10] 여기에 민간군사기업 바그너 그룹까지 포함하면 병

9 "쇼이구는 군 병력충원율이 91%라고 발표했다.", 리아노보스티, 2021.12.21. (https://turbo.ria.ru/20211221/armiya-1764716283.html)

10 "총참모부는 올 해 2개 야전군, 1개 군단, 5개 사단 및 26개 여단을 창설한다.", 러시아 뉴스, 2023.6.2. (https://rg.ru/2023/06/02/genshtab-v-etom-godu-sformiruiut-2-armii-armejskij-korpus-5-divizij-i-26-brigad.html?ysclid=liemkbcoyl656240227

력 충원율 측면에서 군의 임무수행이 불가한 수준은 아닌 것으로 판단할 수 있다.

무기 및 장비 현대화, 60% 이하인가?

러시아군의 무기 및 장비 현대화에 대해서는 제 3장 '특별군사작전에서 고전하는 이유'에서 살펴보았다. 2017년 기준, 핵전력 현대화 비율은 74%였다. 각 군별로는 지상군이 45%, 해군이 52.3%, 항공 우주군은 72.8%로서 지상군과 해군의 현대화율이 지표보다 낮다.

특히, 지상군은 2012년 본격적으로 국방개혁을 시작할 당시 15% 수준이었다. 5년 만에 30%를 향상시킨 것이다. 지상군 위주의 러시아군 구조를 고려할 때 상당한 노력을 기울인 것이다. 2023년 기준으로 다시 5년이 지난 시점에서 얼마만큼의 성과가 있었는지 공개된 자료는 없으나 이전 국방개혁 추진 속도로 볼 때, 최소 50% 이상 무기 및 장비 현대화율 달성을 기대할 수 있을 것이다.

지상군의 무기 및 장비의 현대화율이 저조한 것은 특별군사작전 현장에서 확인할 수 있었다. 2022년 작전 초기 단기간 성과는 있었지만 철수 후 교착된 전선에서 고전하고 있는 것이 그 사례다. 그래서 러시아는 본토 군사 공항에 대한 우크라이나 무인기 공격, 크림대교(케르치 해협에 위치) 폭파, 모스크바함 피격, 우크라이나 비판 인사 테러 등의 각종 도발에 강력한 응징을 한다고 여러 번 공표하였지만 결국은 미사일 공격이나 항공 폭격 위주의 대응만

하고 있는 것이다. 지상군은 교착된 전선에서 방어위주로 돈바스 지역과 크림반도로 이어지는 우크라 남부지방 및 크림반도를 사수하는데 운용하고 있다. 즉, 전투력 소모가 큰 지상군의 공격작전 전환은 어려운 수준임을 예측할 수 있다.

그래서 지상군이 다시 역습을 통해 우크라이나 서부 지역으로 진격할 가능성은 낮다. 지금처럼 미사일과 항공 전력을 운용하여 저강도 전쟁을 지속할 수밖에 없는 상황일 것이다. 결국, 무기 및 장비분야 현대화율이 다른 지표들 보다 수준이 낮지만 전쟁을 멈추기 보다는 현 수준에 맞는 군사적 대응을 지속하기에는 충분한 수준으로 판단된다.

지속지원 분야, 85% 이하인가?

특별군사작전 초기(22년 4월~22년 7월) 러시아군의 보급, 수송, 정비 등의 작전지속지원 분야에서 여러 문제들이 드러났다. 굶주린 병사가 우크라이나 국민에게 구걸하고 민간시설을 약탈했다는 동영상이 SNS상에 공개된 것이었다. 그리고 곳곳에 버려진 전차와 장갑차 등의 전투장비 사진도 유포되었다. 이러한 자료에서는 러시아군의 사기와 훈련 수준이 낮고 전투장비 정비와 보급을 위한 부대가 제 역할을 못하고 있다는 내용이 포함되었다. 정비와 보급, 수송 분야에 상당한 문제가 일어나고 있다는 사실이 여실히 드러난 것이다.

최근(23년 6월) 공개된 바그너 그룹의 수장 프리고진이 국방장관 쇼이구에게 보고한 자료를 보면 급식 분야에 심각한 어려움을 확인할 수 있다.[11] 보고서의 주된 내용은 특별군사작전에 급식을 제공하고 있는 업체와 계약을 파기하고 다른 업체를 조속히 선정해 달하는 요청이었다.

특별군사작전을 포함한 해외에서 작전하고 있는 부대의 급식은 민간회사 '콩코르드'가 맡고 있다. 이 업체 대표는 재료비 상승과 대러 경제 제재에 따른 재료 공급 차질 등의 이유로 급식지원이 불가함을 프리고진에게 통보한 것이다. 작전 초기에 하루 식사 비용이 258루블~294루블(23년 7월 기준 1루블은 14.18원/3,658원~4,168원에 해당)이었지만, 최근에는 358루블(5,076원)로 비용이 증가되었기 때문이다. 재료비와 인건비에서 차이가 있지만 대략 우리군 한 끼 식사 비용에 해당하는 금액이다. 군 자체적으로 급식 문제를 해결하지 못하고 있는 상황을 볼 때 작전에 투입된 장병들의 전투력은 물론, 사기도 상당히 저하되고 있음을 예측할 수 있다.

러시아는 군 개혁을 5년 단위로 추진하고 있다. 2012년~2017년까지 1단계를 완료했고 지금은 2023년까지 2단계 계획을 시행하고 있다. 2단계 결과는 올해 말 발표될 것으로 보인다. 그래서 현 시점을 기준으로 최근 보급 상태를 확인하기 어렵기에 1차로 추진한 결과보고 자료를 살펴 보았다.[12]

---

11 "병사들의 식사는 다른 업체가 맡을 것이고, 심지어 우방국이 아닌 누군가가 될지도 모른다.", 젠뉴스, 2023. 6. 11.(https://dzen.ru/a/ZIS303_hLRfxS-b_i?utm_referer=yandex.ru)

12 "2012년부터 2017년까지 군 지원분야 활동 결과와 발전 전망.", 찰리코프(국방

<작전지속지원 분야 개선 내용(2012~2017년)>[13]

구분	내용
보급·정비 분야	• 각 군관구(5개)에 정비·수송연대 2개, 미사일 정비기지 5개 창설 • 보급·정비여단에 독립 교량대대, 중(重)견인대대 창설 • 장비 정비율 98% 이상 달성
해군(함대)지원	• 지원함대 현대화(지원함 8척 건조) • 다용도 지원함 2개 부대 창설, 150톤 크레인함 건조 • 지원능력 1.4배 증가
군 숙소지원	• 군 숙소 건설로 대기기간 1/6로 단축(기존 : 평균 10~15년 대기) * 러시아 군에서는 전역시 주택을 지급
의료 분야	• 의료, 재활, 휴양시설 240개소 리모델링 • 최첨단 군병원 '키로프'개원(특별 의료지원 시설) * 연간 환자 5만 명 / 수술 5만 건 이상, 의료인력 교육 1,300명 • 질병 발병률 12% 감소, 의료지원능력 1.5배 증가
급식 분야	• 병사식당 488개소, 목욕탕 및 샤워시설 5만 개소 이상 보수 • 세탁기, 청소기 등 병영 생활 비품 10,000개 이상 교체
군인 보수	• 군인연금 33.7% 증가 • 군 의료, 교육, 연구, 문화 분야 군무원 봉급 1.9배 증가 • 군인과 군가족 지원 민원센터 9개소 개소

위 결과를 보면 향상되었다고 하지만, 어느 정도 수준인지 알 수 없다. 결국 개선사항을 체감하는 군인들의 평가는 빠져 있기 때문이다. 그래서 직접적으로 복무 만족도를 확인할 수 없기에 이를 추측할 수 있는 자료를 확인해 보았다. 2018년에 실시한 브치옴

차관), 군사사상 2017년 2월호, 25p. 2017.12.7.(mil. ru)

13 "군개혁 결과보고와 작전지원분야 기본방향과 발전 전망.", 국방차관 찰리코프, 군사사상, 2017.12.

여론조사 결과에서 찾을 수 있었다. 가까운 지인(아들, 형제, 남편, 친구 등)이 군에 복무해야 한다고 할 때 이를 긍정적으로 인식하는지를 조사하였다. 아래 그래프와 같이 2015년을 제외하면 절반 이상의 국민들이 긍정적으로 생각하고 있었다.[14]

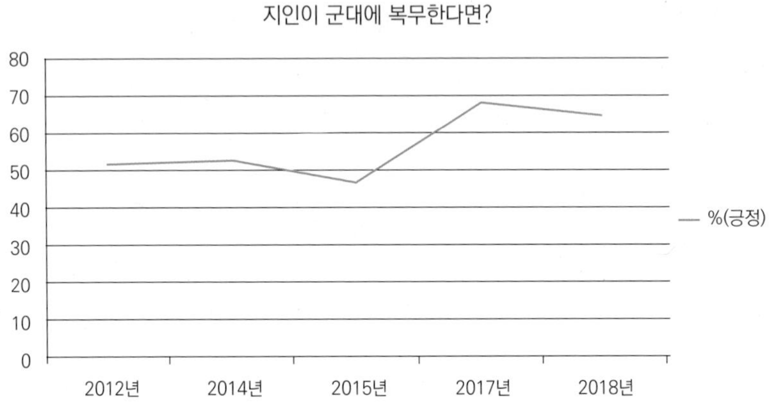

다음으로는 군에 근무할 16~18세 러시아 남성을 대상으로 한 설문조사를 확인해 보았다. 근무여건이 향상되었다고 답변한 비율은 56% 였으나, 42%가 군 복무를 희망하지 않는다고 답변했다. 이유는 부조리가 51%, 분쟁지역 근무 40%, 육체적 부담 35% 순 이었다.[15] 세상에서 가고 싶은 군대가 얼마나 있겠냐만은 이러한 여론 조사 결과로 보건데 군 지지도(80% 수준)에 비해 비교적

14 브치옴, 2018.12.26. (https://wciom.ru/analytical-reviews/analiticheskii-obzor/armiya-i-obshhestvo-monitoring?ysclid=lkgd5xhfgm903502882)

15 "설문: 러시아 청년 대부분은 군을 면제받고자 한다.", 바로네쉬 뉴스, 2017.12.26. (https://moe-online.ru/news/city/1004268)

낮은 수준임을 확인할 수 있다. 군은 신뢰하지만 군인으로 복부하거나 근무여건 향상 측면에 있어서는 부정적 측면이 적지 않다는 것이다. 만족도가 낮다는 것은 여전히 급여, 보급, 정비, 수송, 의료, 주거 등의 분야에서 개선시켜야 할 소요가 많음을 예상할 수 있다.

작전지속지원 분야별 세부 상태를 구체적으로 확인할 수는 없었지만 특별군사작전 현장에서 드러난 모습과 여론조사 결과를 볼 때 지속지원 분야에서 85% 이상을 충족시키기 어려울 것으로 보인다. 왜냐하면 공급자의 기준이 아니라 수요자의 인식이 더 중요하기 때문이다. 군사분야 측면에서 가장 취약한 부분이 바로 지속지원 분야인 것이다. 이러한 상태가 지속된다면 장기적 군사작전 수행 능력은 현저히 떨어져 '임무불가' 수준에 도달할 수 도 있을 것이다.

장병 교육훈련 성취도, 60% 이하인가?

러시아 군사교육기관의 성적 전체를 확인하여 그 수준을 평가하는 것 자체는 자료 접근의 제한성 때문에 현실적으로 어렵다. 하지만 언론에 공개된 자료와 제협협동대학 2018년 졸업자(저자가 졸업한 시기)들의 성적을 토대로 러시아 군사교육기관 전체의 성취도를 예측해 보았다. 야전부대의 교육훈련, 특히 병사들의 수준은 제외하고 임관하는 초급장교와 중견장교(소령, 중령)의 필수 및 보수교육 결과만을 고려하였다.

먼저, 러시아의 학점(평가)체계를 이해할 필요가 있다. 러시아의 모든 시험은 기본이 구술평가다. 그리고 5점 점수체계(1~5점 부여)로 되어 있다. 5점이 최고점으로서, 우리나라의 '수(5점)-우(4점)-미(3점)-양(2점)-가(1점)' 와 비슷하다. 통상 2점 이하는 잘 주지 않지만, 경우에 따라서 시험 볼 준비조차 되지 않은 학생에게는 부여되기도 한다. 즉, 과락이다.

또 한 가지 특이한 점은 학생이 제비를 뽑듯이 리본처럼 길게 자른 문제지를 뽑는다. 그 다음에는 시험장에서 20~30분 정도 답변할 준비시간을 가진 뒤 교관(교수, 선생)과 1:1 문답식 구술 시험을 치른다. 우등상은 평균점수가 4.75 이상이어야 한다. 전 과목에서 4점(우)이 25%를 넘으면 안 된다. 당연히 3점(미)이 있으면 우등상을 받을 수 없다. 우등상은 졸업장이 붉은색이고, 일반 졸업장은 청색 계열로 되어 있어서 대략적으로 졸업생들의 성적을 알 수 있다.

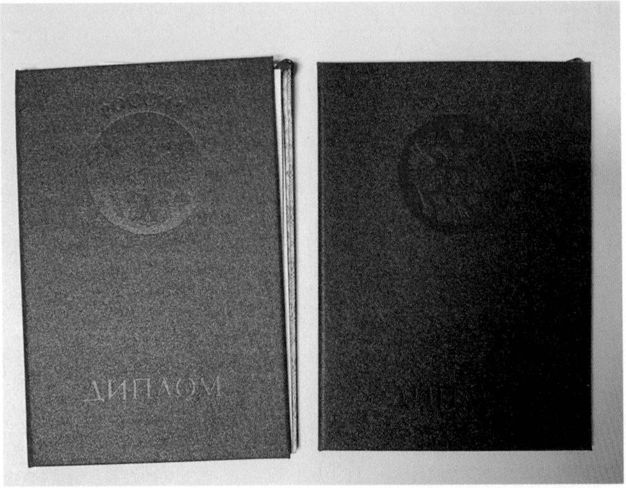

<졸업장(왼쪽 - 우등상, 오른쪽 - 일반)>

먼저 중, 소령들이 교육받는 제병협동대학교 졸업생은 한 해 약 300명 가량 되었고, 이 중 50명 정도가 우등상을 받는다. 대략 17% 정도다. 우등상을 받지 못하는 장교들의 정확한 성적은 알기 어려우나 같은 반 동료들의 성적을 대략적으로 기억해 봤을 때, 10명 중 3점 이하를 받은 경우는 2~3명 정도다. 10명 중 3명이 3점을 받고 나머지 전부가 4점을 받았다고 가정하면 평균 학점이 3.7이다. 성취도는 74%가 된다. 이를 미루어 보건데, 군의 허리층에 해당하는 장교들의 성취율은 최소 75% 이상이 될 것이다.

임관하는 초급 장교들의 경우를 살펴보았다. 2018년 노보시비리스크 군사지휘학교 48회 졸업생 소위 160명의 평균 학점은 4. 6점(92% 수준)이었다. 이 중 우등상은 40명으로 졸업생의 25% 수준이었다.[16] 2020년 자료를 보면 러시아의 36개 군사교육기관에서 중·소위 12,000명을 배출하였는데 이들 중 20%는 우등상을 받았고, 420명이 전 과목 만점을 받아 금메달을 수상했다. 평균 학점에 대해서는 언급하지 않았으나 우등상 비율 20%를 기준으로 보면 노보시비리스크 군사지휘학교와 비교할 때, 4점 이상 정도로 추측할 수 있다.[17] 마지막으로 2021년 전자전 군사대학교에서 317명

16 "졸업생 소위 1/4이 우등상 졸업", 타라스 루딕, 크라스나야 즈베즈다, 2018.4.1. (http://archive.redstar.ru/index.php/dudenko/item/36718-chetvert-lejtenantov-s-krasnym-diplomom)

17 "승전기념일에 36개 군사 교육기관에서 장교들 졸업식이 거행되었다.", 유리 가브릴로프, 로시스카야 가제타, 2020.5.10. (https://rg.ru/2020/05/10/v-den-pobedy-v-36-voennyh-vuzah-proshel-vypusk-oficerov.html?ysclid=lj-cygrkmn5633615108)

의 장교를 배출하였는데, 50명이 우등상을 수상했다. 비율로 보면 13% 수준이다. 위에서 언급한 두 출처보다는 비율이 낮다.[18]

우리군의 각종 교육기관 성취도는 평균 85%~93% 수준이다. 그리고 92% 이상 정도면 최상위권이고 러시아로 치면 우등상을 받는 기준과 비슷할 것이다. 성적 편차도 크지 않아서 평균을 기준으로 가운데가 불룩한 항아리형 분표를 보인다. 이러한 분표를 보이는 이유는 수준에 도달하도록 스파르타식으로 교육함과 동시에 저조자는 보강 교육을 시켜서라도 기준에 충족시키려는 군 교육훈련의 특성 때문일 것이다. 결국, 교육훈련 성취도 분야에서도 60% 이하일 확률은 상당히 낮아 보인다.

군에 대한 신뢰도, 40% 이하인가?

앞쪽 사회(Society)분야에서 살펴봤듯이 70% 중반 ~ 80% 중반의 분표를 보인다. 상당히 높은 수준이다. 군에 대한 국민들의 신뢰도 측면에서도 임무를 수행할 수 없는 수준이 아니다.

---

18 "전자전 군사대학교는 제 63회째 졸업하는 장교들을 배출했다.", 알렉산드르 네몰야예프, 체르-포이스크, 2021.6.13. (https://cher-poisk.ru/news/obschestvo/63-yu-partiyu-ofitserov-vypustil-voennyy-universitet-radioelektroniki)

전쟁이 구체적으로 언제 끝날지 알 수 없다는 결론이다. 분석의 시작은 거창했지만 결론이 시원치 않다. 하지만 러시아 군의 현 상태로는 계속 임무수행 가능 수준임을 알 수 있었다. 미국·나토와의 대규모 전쟁이 아니라 이들이 지원하는 우크라이나 군과 저강도 전쟁(특별군사작전)은 당분간 지속될 것으로 보인다.

지금으로서는 어떤 요인이 전쟁을 멈추게 할지 예상하기 어렵다. 하지만, 그 중에서도 '정치' 분야에서 중대한 변화가 결정적일 수밖에 없다고 생각한다. 전쟁은 정치의 한 수단이라고 클라우제비츠가 주장한 것처럼 말이다. 러시아 정치 지도부의 결심을 이끌어 낼 수 있는 '휴전' 조건이 충족되지 않을 경우 러시아-우크라이나 전쟁은 지속될 수밖에 없다.

<군 임무수행 불가 지표 평가 결과> * G : 양호 수준 A : 보통 수준

지표	군(부대)의 임무수행 불가 수준	결과
1. 병력 충원율	70% 이하	G
2. 무기 및 장비의 현대화	60% 이하	A
3. 지속지원 (식량, 탄약, 정비, 보급, 의료 등 보급품)	85% 이하	A
4. 장병 교육훈련 성취도	60% 이하	G
5. 군에 대한 국민의 신뢰도	40% 이하	G

10

한반도와 러시아 군 (통일 이후의 대응)

러시아는 역사적으로 광활한 영토를 방어하기 위해 제한된 군사력을 효율적으로 운용할 수 있는 방법을 발전시켜왔다. 한반도 영토의 77배, 미국의 1.8배, 인구는 1억 4천 6백만 명으로 8.3명(1km²)의 인구밀도를 보이고 있다. 군 병력은 100만 명 수준을 유지하고 있으며 예비전력은 620만 명을 보유하고 있다. 계속되는 인구감소로 현 병력 수준을 유지하기 어려운 실정이다. 러시아 연방 통계청에 따르면 2035년에는 현 인구에서 26만 명 이상 감소할 것으로 예측하고 있다.[19]

이러한 작전환경의 특성을 고려하여 러시아 군은 전략적 지역(방향)[20]마다 군관구를 편성하여 해당 지역의 현존 및 잠재적 위협

19 러시아 연방 통계청(gks.ru), 러시아 국방부 연례 통계집(2016년/mil.ru)

20 전략적으로 중요한 경제적, 군사적, 행정적 중심을 고려하여 편성. 전쟁이

에 대응하도록 하는 기본 방어 전략을 수립하였다. 즉, 전략적 지역에서 발생하는 위협에 독자적으로 대응할 수 있는 적절한 전투력을 보유하고 필요시 공수군을 중심으로 신속대응전력을 투사하여 작전 초기 위협을 제거하거나 각 군관구를 증원하여 결정적 작전을 수행하게 된다. 아래 요도와 같이 전략·작전적 방향에서 유사시 전력을 투입할 수 있도록 부대를 배치하였다.

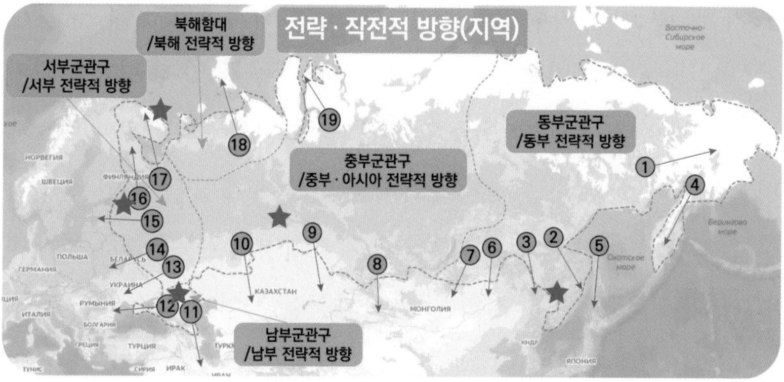

1. 추콧스크 작전적 방향	6. 다우르스크 작전적 방향	11. 카프카스 작전적 방향	16. 카렐호수 작전적 방향
2. 연해주 작전적 방향	7. 바이칼 작전적 방향	12. 크림 작전적 방향	17. 콜스키반도 작전적 방향
3. 아무르 작전적 방향	8. 알타이 작전적 방향	13. 바로네쉬 작전적 방향	18. 페체르해 작전적 방향
4. 캄차트카 작전적 방향	9. 남우랄 작전적 방향	14. 스몰렌스크 작전적 방향	19. 야말-네네츠크 작전적 방향
5. 사할린 작전적 방향	10. 볼가 작전적 방향	15. 발트해 작전적 방향	

★: 각 군관구 사령부

나 군사 분쟁시 작전 - 전략적 부대(군관구, 전략사령부)가 전개하여 군사 작전을 수행하는 지역(방향). 각 지역마다 수 개의 세부 작전적 방향으로 나누어진다. 러시아는 5개 전략적 방향과 19개 작전적 방향을 설정하여 외부 위협에 대비하고 있다(러시아 군사백과사전).

따라서 러시아군은 강력한 전략핵을 보유하여 전쟁을 억지하고, 억지 실패 시 전략적 지역에서 군사작전을 종결하는 방어 전략의 큰 틀에서 군을 발전시켜나가고 있다. 각종 작전·전략적 대규모 기동훈련 내용과 전력 증강 동향을 분석해 보면 러시아의 위협 인식과 대응을 예측할 수 있다.

우리나라와 인접한 전략적 지역은 '동부 군관구' 이다. 러시아의 극동지역과 연해주, 즉 한반도의 북쪽은 러시아 군 '동부 군관구'가 맡고 있다. 사령부는 하바롭스크에 위치하고 있다. 군관구 예하에 총 4개 제병협동군과 1개 공군·방공군 및 태평양함대가 소속되어 있다. 특히, 한반도와 인접해 있는 우수리스크에 제5 제병협동군이 주둔하고 있어 유사시 한반도에 개입할 수 있는 지상군 전력으로 판단할 수 있다. 또한, 제5 제병협동군은 2차 세계대전 시 1945년 8월, 만주지역 일본 관동군을 몰아낸 전적이 있다.

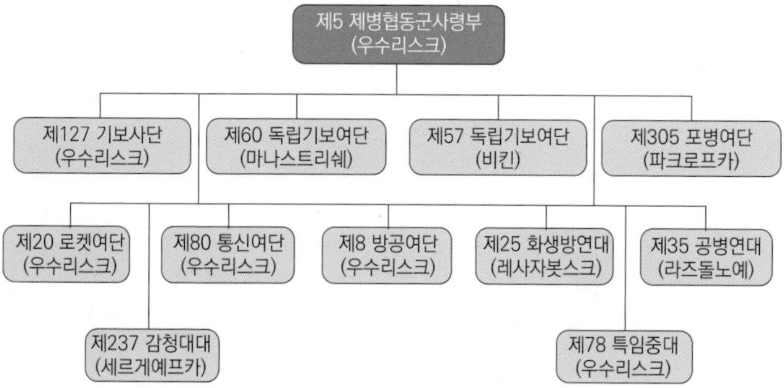

또한 2017년 시리아에서 임무수행을 마치고 귀국한 중부군관구 1개 여단(제24 독립특수임무여단)을 동부 군관구에 전환배치를 검토하고 있다. 이러한 전환배치 이유에 대한 공식적인 언급이 부재한 상황에서 러시아 군사 및 국제관계 전문가들 사이에서 의견이 분분하다. 일부 전문가들은 중국군과 군사력 비율을 맞추려는 의도로 볼 수 있다고 언급하고 있다. 하지만 2018년에 실시한 '동부-2018' 군사훈련 결과, 중국의 군사적 위협보다는 극동지역, 특히 한반도에 위치하고 있는 미군 전력에 대한 대비 차원의 조치라는 분석이 더 설득력을 얻고 있다. 러시아 극동대학 국제관계학과 교수 아르춈 루킨 교수는 "극동지역에서 러시아의 적은 변함이 없다. 한국에 배치된 미국 미사일 방어체계(사드)는 극동지역에서 전략 균형을 바꾼 조치로서 이에 상응하는 대책이 필요하다."라고 밝히면서 2018년 '동부-2018' 훈련 간 극동지역에서 전면전 대응에 미흡함이 식별되어 시리아에서 전투경험이 있는 부대가 동부

군관구에 필요함을 주장했다.[21]

러시아는 극동지역 중심 도시를 하바롭스크에서 블라디보스톡으로 옮기면서(2018년 12월, 대통령 지시) 군사력 증강뿐 아니라 지역발전과 환태평양 지역으로 세력을 확장하기 위한 다방면의 움직임을 보이고 있다.[22] 일본과의 쿠릴열도 영유권 분쟁, 북한 핵문제 등 기존 위협요소가 유지되는 한 군사력 증강이 지속될 것으로 판단된다. 특히, 우리군은 한반도 급변사태 시 미군을 견제함과 동시에 북한지역 자국 자산과 국민보호를 위해 북방 완충지역으로

21 "한국의 분쟁 근원 불끄기. 러시아는 극동지역에서 미군에 대해 상응하는 대응을 말한다.", 렘블러 뉴스, 2018.11.14.(https://news.rambler.ru/troops/41270927-pritushit-koreyskiy-ochag-rossiya-gotovit-simmetrichnyy-otvet-kontingentu-ssha-na-dalnem-vostoke/?ysclid=lk3zw1mevj671070855)

22 "극동 연방주 수도 이전의 역사.", 유리 스미툭, 타스통신, 2018.12.13.(https://tass.ru/info/5910577?utm_source=yandex.ru&utm_medium=organic&utm_campaign=yandex.ru&utm_referrer=yandex.ru)

개입 가능성이 큰 중국과 러시아군을 감시하고 대응하기 위한 대책수립에 관심이 필요하다.

미 육군 중장 마이클 룬디는 '대규모 전투작전의 현재와 미래'라는 논문에서 대규모 지상전투는 냉전 종식이후 그 어느 시기보다 더 발생 가능성이 높다고 평가하고 있다. 지난 17년간 제한적인 우발상황에 대한 작전과 대반란작전이 여단 중심으로 이뤄졌다면, 동급 및 거의 동급위협들과의 전쟁에서는 여단급 이상 제대의 고도로 능력을 갖춘 사단, 군단, 야전군을 최적화해야 한다고 주장하고 있다.[23] 이를 통해 볼 때, 러시아군도 전술기본단위를 여단구조로 전환시켰다가 일부를 다시 사단으로 되돌리고 있는 현실에서 중국과 러시아와의 대규모 지상전 전투에 대비하는 미군의 판단 근거를 확인할 수 있다. 현재 러시아는 서부 국경에서 우크라이나와 전쟁이 한창이다. 남북한이 분단되어 휴전이 지속되는 한 러시아의 동쪽 국경에서는 당연히 한반도에서 러시아-우크라이나 전쟁과 유사한 형태의 군사작전 가능성을 배제할 수 없는 현실이다.

이제는 북한군을 이해하고 분석하기 위한 수단으로서 러시아군을 연구하는 틀에서 벗어나 적극적인 군사외교와 협력을 통해서 통일이후 한반도의 안보현실을 예측하고 이에 대비해 나가는 다방면의 연구가 필요하다. 국제사회에서 영원한 우방도, 영원한

23 Michael D. Lundy, Meeting the challenge of Large Scale Combat Operations Today and Tomorrow, Military Review, 2020. Sep. - Oct.

적국도 없음을 이해하고 자주국방을 통한 한반도의 평화를 이룩하기 위해서는 현재뿐 아니라 미래의 위협에 차근차근 대비해 나가야 한다.

에필로그

이 글을 쓰기까지.

나는 타칭 러시아 군 전문가다. 군에서는 러시아에 교육만 다녀와도 그렇게 생각한다. 군 관련 분야 외에는 그리 내세울 만한 수준이 아니다. 우리나라 국방장관님과 우리 군 포스타 세 분(합참의장, 참모총장, 지상작전사령관)을 포함해 러시아 군 관련 통역 위주로 많이 했었다. 회의 자료도 만들고 러시아로 출장도 다녀왔다. 이러한 업무를 하는 동안 공부해야 할 부분이 많다는 것을 느꼈다. 그래서 더 알고 싶고 더 공부하고 싶었다. 하지만 군인으로서 수행해야 할 기본 임무가 있다. 최근까지 심리적 최전방 같은 지리적 최후방(김해)에서 대대장으로 근무했었다. 지금까지 그랬듯이 러시아 군 관련 행사가 있으면 파견('파트타임')으로 임무를 수행한다. 군에서 러시아 관련 직위가 한정적이기 때문이다. 그래도 필요할 때 찾아주고, 러시아 관련 업무에 써먹을 구석이 있다는 사실에 감사하다.

2019년 러시아 지상군 사령관 방한행사에서 통역을 했을 때 깨달았다. 나도 나름 강점이 있다는 것을! 군 관련 통역은 아무나 못한다는 것을! '비정상 회담'이라는 방송 프로그램에도 출연한 유명한 러시아 통역 전문가도, 모 국가기관 러시아어 전문 통역사도 군사용어를 이해하지 못해 나에게 도움을 요청했다. 조금만 알아도 비교우위다. 나는 민간인 통역사가 따라올 수 없는 넘사벽 비대칭전력을 가지고 있다는 사실을 그때 알았다. 내가 군인이기 때문에 가능한 것이었다. 그래서 통역뿐 아니라 러시아 군을 낱낱이 해부하고 싶었다. 너무나 알려진 것이 없었다. 우리가 보는 러시아군은 서방의 방송과 기사 또는 논문이라는 프리즘을 통한 것이다. 물론 다양한 시각이 필요함을 부정하지 않는다. 필수적이다. 하지만 그 다양한 시각에서 '러시아의 관점'이 부족한 현실이다.

지금은 러시아-우크라이나 전쟁이 지리적으로 먼 곳, 우리와 별 관련이 없는 장소에서 일어나고 있다. 하지만 조금 더 따지고 보면, 러시아는 한반도와 국경을 맞대고 있고, 북한과도 지속적으로 긴밀한 관계를 유지하고 있는 주변국이다. 관심이 갈 수 밖에 없는 나라다.

하지만 우리나라 주변국으로서 중국, 일본 만큼은 잘 알려져 있지 않다. 특히, 군사분야에서 더 그렇다. 그래서 러시아군과 군인에 대해서, 또한, 그들의 문화에 대해서 군인뿐 아니라 일반인들도 이해하기 쉽도록 설명해보고자 했다.

모쪼록 이 글을 통해 주변국으로서 늘 우리나라에 영향을 미쳐 왔던 러시아를 이해하고, 더 나아가 러시아 군과 군대 문화를 이해하여 현재 일어나고 있는 현실을 다방면으로 바라볼 수 있었으면 좋겠다.

러시아-우크라이나 전쟁이 계속되고 있다. 이 와중에 러시아 관련 책을 내기가 다소 조심스럽다. 하지만 이 글 대부분은 전쟁이 일어나기 전에 이미 조금씩 준비한 것이다. 때마침 러시아가 전쟁을 일으키다니…. 그래서 책 제목으로 "러시아 넌 도대체 누구냐?"라고 생각했다. 이 글은 우리 군과 군인으로서 공식적 입장이 아닌 철저히 한 개인으로서 쓴 것이다. 분명 독자들은 지금까지 우리 사회에서 충분히 들어보지 못한 흥미로운 내용을 많이 접했을 것이다. 나는 한-미-일 동맹이 한반도 안보에 필수적임을 100% 지지하며, 한반도 문제에 있어 중-러의 '훈수'에 불쾌한 사람 중 하나다.

아내와 아이들의 러시아.

직업군인은 이사를 많이 한다. 더구나 나는 아이도 셋이다. 첫째(중3)는 7번, 둘째(중1)는 6번, 셋째(초등 5)는 4번 전학했다. 아내는 결혼 후 16년 동안 12번 이사를 했다. 4성 장군으로 전역하신 모 장군님은 30번 이상 이사하셨다고 하니 아직 비할 바가 못 된다.

우리 가족이 이사한 12번 중, 두 번은 해외로 이사한 것이다. 2006년, 2016년 이었다. 아내와 아이들은 러시아어를 모른다.

그래도 러시아로 이사 가고 전학 간다는 것을 기대하며 즐거워했다. 주변에서 이야기 한다. "하필 러시아?", 영어권 국가도 많은데 왜 러시아라는 것이다. 그렇다. 나도 영어권으로 가고 싶었다. 생존 전쟁이 아닌 마음껏 공부하고 외국 생활을 누리고 싶었다.

러시아에서 유학 생활은 그야말로 생존 투쟁의 연속이었다. 나는 알파벳이라도 알지만, 아내와 아이들은 문맹 상태였다. 그래서 전쟁의 최전선에서 총알받이처럼 쓰러진 일들이 너무나 많았다. 생존 투쟁 에피소드를 이야기하려면 이것도 책 한 권이다.

아들은 러시아에서 태어났다. 모스크바의 한 러시아 산부인과 병원에서 남편도 없이 러시아어를 하나도 모르는 아내 혼자 낳았다. 출생신고를 하면서 금색 코인 기념품도 받았다. "모스크바에서 태어난 그대에게."라고 적혀 있다. 아들은 성인이 되면 러시아 국적을 취득할 수 있는 자격이 있다고 한다.

<앞면>

<뒷면>

군인이라면 늘 가족들에게 미안함을 가슴속에 품고 살아간다. 그래서 이 책을 쓰면서 더 그랬다. 내가 보고 들은 러시아를 쓸 수 있었다는 것은 가족들이 나와 함께 러시아를 선택했기에 가능한 것들이었다. 우리 가족은 러시아에서 지낸 시절을 그리워한다. 그렇게 고생하였지만 그래도 그 시절을 이야기하며 웃는다. 어려울수록 똘똘 뭉치기 마련인가 보다. 다시 한 번 가족들에게 감사의 마음을 전한다.

참고문헌

1. 지휘관을 위한 군법, 군 인권을 위하여 출판사, 모스크바, 2006년. (Справочник командира : практическое издание. Серия "Право в Вооруженных силах - консультант".- М.: "За права военнослужащих",2006.)
2. 연례통계모음집,러시아국방부경제분석및전망부,모스크바,2016년. (Ежегодный статистический сборник, дипартамент экономическогоанализа и прогнозирования Министерства обороны Российской Федерациию 2016.)
3. 러시아의 새로운 군대, M.C. 바라바노프 지음, 전략과 기술 분석 센터, 모스크바, 2010년. (Новая Армия России, под редакцией Михаила Барабанова предисловие Руслана Пухова, Центр анализа стратегий и технологий, Москва, 2010.)
4. 국방개혁 2008~2020 : 수치와 사실, 러시아 정치연구센터, 안보지표 1월, 2011년. (Военная реформа 2008-2020 : Цифры и Факты, Центр политических исследований России, Индекс Безопасности №1, 2011.)
5. 2008년 카프카스에서의 전쟁 : 러시아의 시각. 그루지아-오세아티아 전쟁. 2008. 8. 8. ~ 13, 치가녹 A. D., 아이로-21, 모스크바, 2011년. (Цыганок А. Д. Война на Кавказе 2008 : русский взгляд. Грудинно- осетинская война 8-13 августа 2008 года. 2-ое издание, дополненное.- М.: АИРО- ⅩⅩⅠ, 2011.)
6. 러시아의 군개혁 : 현재와 전망, 알렉세이 아르바토프·블라지미르 드보르킨, 카네기센터, 모스크바, 2013년. (Военная реформа России:состояние и перспективы, Алексей Арбатов · Владимир Дворкин, Моск. Центр Карнеги.-М., 2013.)
7. 국방개혁 : 러시아 군의 새로운 모습을 향한 여정, 미하일 바라바노프 · 콘스탄틴 마키엔코 · 루슬란 푸호프, 국제토론클럽 "발다이", 리

아노보스티·대외 및 국방정책 위원회, 모스크바, 2011년. (Михаил Барабанов · Константин Макиенко · Руслан Пухов, Военная реформа : на пути к новому облику российской Армии, Аналистический доклад международного дискуссионного клуба “Валдай”, РИАНОВОСТИ · СОВЕТ ПО ВНЕШЕНЙ И ОБОРОННОЙ ПОЛИТИКЕ, Москва, 2011.)

8. 군사사, 바야르스키, 모스크바 제병협동대학, 2012년. (Д. Ю. Боряский, История Военного искусства(учебное пособие), Москва: ВУНЦ СВ ОВА РФ, 2012.)
9. Dr. Lester W. Grau · Charles K. Bartles, The Russian Way of War (Force Structure, Tactics, and Modernization of the Russian Ground Forces), Foreign Military Office, 2016.)
10. 미래 지상군 기본전술제대 편성 연구, 노양규·신종태·이종호 지음, 한국국방발전연구원, 2012년.
11. 도해세계전사, 노병천 지음, 연경문화사, 2001년.
12. 적이 수행하는 다영역작전 대응에 관하여, 호무토프, 군사사상, 2021년. (А. В. Хомутов. О противодействии противнику в условиях ведения ими《многосферных операции》, Военная Мысль 2021. №5)
13. 러시아연방 국가안보전략에 대하여, 대통령 지시, 모스크바, 2015년. (Указ президента Российской Федерации О Стратегии национальной безопасности Российской Федерации, Москва, 31 Декабря 2015. № 683)
14. 대통령 지시, 차세대 군 현대화에 대하여, 모스크바, 2012년. (Указ президента Российской Федерации О дальнейшем совершенствовании военной службы в Российской Федерации, Москва, 7 мая 2012 года № 604)
15. 대통령 지시, 군과 기타 부대의 발전과 군사력 건설 및 군산복합체 현대화 계획 실현에 대하여, 모스크바, 2012년. (Указ президента Российской Федерации О Реализации планов (программ) строительства и развития Вооруженных сил Российской Федерации, других войск, воинских формирований и органов и модернизации оборонопромышленного комплекса, Москва, 7 мая 2012 года № 603)

16. 러시아연방 해양 독트린(Морская доктрина РоссийскойФедерации)
17. 차세대 교육훈련센터, 러시아연방군 교육사령부, 2016년. (Центр боевой подготовки нового поколения(ЦБП Мулино), главное управление боевой подготовки Вооруженных Сил Российской Федерации, 2016.)
18. 크림 통계청(Управление Федеральной службы государственной статистики по Республике Крым и г.Севастополю (Крымстат))
19. 전투지휘훈련-전투에서 주도권과 창의성 교육, 세르게이 파시치닉, 암스 엑스포, 2019년. (Сергей Пасичник: «Назначение командно-штабных военных и гр - научить инициативе и изобретательности в бою»
20. 러시아인의 수명은 어떻게 변했을까?, 가브릴 그리고로프, 타스 통신, 2020년. (Гаврил Григоров, Как менялась продолжительность жизни в России, ТАСС, 2020. 4. 21)
21. 평시 부대지휘, 시베리아 연방대학, 2013년. (Управление подразделени ями в мирное время. Боевая подготовка: физическая подготовка, тактические учения: метод. указания к практ. и групповым заятиям / сост. В.А. Копылов. - Красноярск: Сиб. Федер. ун-т, 2013.)
22. 대조국전쟁 전투문건 모음집, 소련국방부 출판사, 1951년. (Сборник боевых документов Великой отечественной войны, Военное издательство военного министерства Союза ССР Москва, 1951.)
23. 러시아 군개혁 : 완전한 퇴보, 블라지슬랍 슈릐긴, 월간지 '러시아 병사들', 2017년. (Владислав ШУРЫГИН, ВОЕННАЯ РЕФОРМА РОССИИ: ПОЛНЫЙ НАЗАД!, 2017-01-25)
24. Michael D. Lundy, Meeting the challenge of Large Scale Combat Operations Today and Tomorrow, Military Review, 2020. Sep. - Oct.
25. 한국 진원지 불끄기. 러시아는 극동지역에서 미군의 개입에 합당한 대응을 말한다, 세르게이 스피친, 연방프레스, 2018년. (Сергей Спицин, Притушить корейский очаг. Россия говорит симетричный ответ контингенту США на Дальнем Востоке, fedpress.ru, 2018. 11. 14)

26. 극동연방주 수도 이전의 역사, 유리 스미튝, 타스통신, 2018년 (Юрий Смитюк, История переноса столицы Дальневосточного федерального округа, TASS, 2018. 12. 13.)
27. 러시아 병사는 매우 숙련되고 위협적이다. 결국 자신에게 적합한 전투장구류를 받았다, 세르게이 츠카소프, 폴리트러시아, 2016년. (Сергей Чркасов, Русский солдат-очень умен и опасен. Наконец-то он получает экипировку себе подстать, (http://politrussia.com, 2016. 10. 13))
28. 군사백과사전, 엑스모 출판사, 2007년. (Военный энциклопедический словарь.-М.:Эксмо, 2007.)
29. 러시아 의회는 소련군(붉은 군대)에 대한 폴란드 외교부의 성명에 대해서 평가하였다, 일리아 피탈레프, 리아노보스티, 2020년. (В Госдуме прокомментировали заявление МИД Польши о Красной армии, Илья Питалев, РИА Новости, 03.03.2020. (https://ria.ru/20200117/1563553908.html))
30. 러시아의 생활양식과 정체성, 한양대학교아태지역연구센터 러시아/ 유라시아 연구사업단, 민속원, 2010년.
31. 러시아 장교단, 모스크바, 군사출판사, 1993년. (Руссий офицерский корпус, военниздат, 1993.) (http://www.adjudant.ru/officer/000.htm?ysclid=l7e4s77xy7892972471)
32. 현재 러시아 정교와 국방부의 협력, 아르테미에프, 블라스치, 2015년. (Артемьев А.А. Взаимодействие Русской Православной Церкви и Министерства обороны РФ на современном этапе// Власть. 2015. № 5)
33. 진공폭탄·핵무기, 국제법이 금지하지 않는다고?...제네바 협약, 중앙일보 22. 3. 5. (https://www.joongang.co.kr/article/25053096)
34. 그들로부터 방어할 수 있는 것은 없다: 미국 전문가는 러시아의 중화염 방사기 사용을 금지하도록 제안하였다., 러시아 군사저널 2021.10.09. («От них нет защиты»: Американский эксперт предложил запретить российские тяжёлые огнемётные системы, https://topwar.ru/)
35. 국방부는 토스-1A(손체폭)를 인도받았다. 어디에 유용한가?, 가제

타, 2022. 9. 27. (Минобороны получило ТОС-1А «Солнцепек». На что он способен, https://www.gazeta.ru/army/2022/09/27/15528529.shtml)
36. 한 발이면 거대한 면적을 지옥으로 만든다. : 특별군사작전에서 사용되는 중화염방사기는 어떻게 작동하는가?, 러시아신문, 2022. 9. 7. (Один полный залп превращает огромную площадь в полыхающий ад": Как работают тяжелые огнеметные системы "Солнцепек", применяемые в ходе спецоперацииhttps://rg.ru/2022/09/27/)
37. 러시아는 특수작전에서 5937명을 잃었다고 쇼이구가 발표하였다. 리아노보스티, 2022. 9. 21. (Россия потеряла 5937 человек в спецоперации, заявил Шойгу(https://ria.ru/20220921/)
38. 러시아군 정원에 대한 대통령 지시. 대통령궁 홈페이지(Указ Президента Российской Федерации от 25.08.2022 г. № 575Об установлении штатной численности Вооруженных Сил Российской Федерации (http://www.kremlin.ru/acts/bank/48266)
39. 야전교범 동원 및 예비군 업무, 육군본부, 2013. 5. 10
40. 쇼이구는 부분동원 종료를 선포하였다. 리아노보스티, 22. 10. 28. (Шойгу заявил о завершении мероприятий по частичной мобилизации. https://ria.ru/20221028/mobilizatsiya-1827597624.html))
41. 한국행정연구원, 사회통합실태조사(index.go.kr)
42. 네바다 센터(러시아 비영리 민간 여론조사 기관, https://www.levada.ru)
43. 브치옴(국영 러시아 여론 연구센터, https://wciom.ru)
44. 제2차 세계대전의 신화와 진실, 로널드 스멜서·에드워드 데이비스 2세, 류한수 옮김, 산처럼, 2020.

색인

정 정 현

육군 중령(현역)

학 력

- 육군사관학교 제60기 졸업
- 러시아 모스크바국립대(정치학 석사)
- 러시아 푸룬제 제병협동대학(군사학 석사)

경 력

- 육군사관학교 러시아어 강사
- 군 각급 제대 지휘관 및 참모/교관
- 러시아 군사외교분야(교류활동 및 통번역) 활동
- 러시아 군사분야 연구

*저술, 학술세미나, 교범 번역 및 감수, 육군본부 러시아 군사연구회 활동 등.

러시아, 넌 도대체 누구냐?

초판발행 2023년 10월 25일

지은이 정정현
펴낸이 안종만·안상준

편 집 양수정
기획/마케팅 장규식
표지디자인 권아린
제 작 고철민·조영환

펴낸곳 (주) 박영사
서울특별시 금천구 가산디지털2로 53, 210호(가산동, 한라시그마밸리)
등록 1959. 3. 11. 제300-1959-1호(倫)
전 화 02)733-6771
f a x 02)736-4818
e-mail pys@pybook.co.kr
homepage www.pybook.co.kr
ISBN 979-11-303-1829-5 93340

정 가 18,000원